현대인의 심신수련법

# 경락기공

## 도인양생론

현대 기공의 흐름은 건강이 그 초점이 맞추어져 있다. 태극권, 요가 등이 모두 현대인의 심신 건강의 목적으로 수련하고 있다. 그리고 과학과 학문의 발달은 기공 분야도 여러 목적에 의하여 발전하고 있는데 질병의 예방과 치료의 적극적인 목적을 가지고 수련하는 분야가 도인양생공(導引養生功)이다.

저자 : 허일웅, 박현옥 , 김지선, 허재원

# 제1부 도인양생학 개론

## 1. 도인導引의 개념 | 013
1) 도인의 특성 · **14**
2) 도인의 원칙 · **17**

## 2. 양생養生의 개념 | 017
1) 양생의 정의 · **17**
2) 양생의 역사 · **18**
3) 양생의 방법 · **23**

## 3. 도인양생공의 배경 이론 | 023
1) 음양론陰陽論 · **23**
2) 오행론五行論 · **28**
3) 정기신론精氣神論 · **32**
4) 경락론經絡論 · **41**
5) 장부론臟腑論 · **56**

# 제2부 공법론功法論

## 1. 고전 도인양생공 | 095
1) 팔단금八段錦 · **96**
2) 역근경易筋經 · **96**
3) 오금희五禽戱 · **97**
4) 육자결六字訣 · **98**

## 2. 현대의 도인양생공 | 099
1) 현대의 도인양생공 · **99**
2) 건신기공健身氣功 · **100**

## 3. 수련론修煉論 | 106
1) 도인양생공의 중요한 작용 · **106**
2) 수련의 원리 · **108**
3) 수련의 요소 · **110**
4) 수련의 단계 · **117**
5) 수련의 여러 의미 · **119**
6) 수련의 효과 · **122**
7) 수련의 주의사항 · **123**

# 제3부 현대 도인양생공 수련법

I. 도인보건공 導引保健功 | 127

  1. 도인보건공의 효과 및 개요 · **127**

  2. 도인보건공의 의수 혈자리와 주치료 · **128**

  3. 도인보건공 수련법 · **128**

II. 서심평혈공 舒心平血功 | 156

  1. 서심평혈공의 효과 및 개요 · **156**

  2. 서심평혈공의 특징 · **157**

III. 익기양폐공 益氣養肺功 | 193

  1. 익기양폐공의 효과 및 개요 · **193**

  2. 익기양폐공의 특징 · **194**

  3. 익기양폐공 수련법 · **200**

IV. 소근장골공 疏筋壯骨功 | 225

  1. 소근장골공의 효과 및 개요 · **225**

  2. 소근장골공 공법의 특징 · **225**

  3. 소근장골공 수련법 · **228**

V. 화위건비공 和胃健脾功 | 257

  1. 화위건비공의 효과 및 개요 · **257**

  2. 화위건비공 공법의 특징 · **259**

  3. 화위건비공 수련법 · **263**

참고문헌 283

우주에 인간이 존재한 이래 인간의 가장 큰 관심사는 건강일 것이다. 이는 누구도 부인할 수 없는 인간의 가장 큰 소망이다. 인류는 16세기 문예부흥 이후 과학의 눈부신 발달로 인하여 기계에 의존한 생산력의 증대와 운송수단의 발달과 미디어의 발달은 지구 전체를 일일 생활권으로 만들어 예전에는 배를 타고 한 달 이상 걸려서 가야 했던 미국이 지금은 불과 몇 시간이면 갈 수 있게 되었다. 그 뿐 아니라 심지어는 달을 비롯하여 우주에로의 탐사가 점점 현실화되고 있는 실정이다. 과학의 발달과 더불어 인간의 생활은 한 없이 편리해 졌지만 그 부작용 또한 만만치 않다. 운송 수단의 발달로 인한 운동의 부족과 패스트 푸드의 출현으로 자연과 맞지 않는 식 습관, 그리고 노력하고 땀흘리지 않는 생활습관 등으로 인하여 오히려 인류는 건강을 잃고 질병에 시달리는 존재로 변했다. 기계를 위시한 산업의 발달로 물질만능의 양적 성장의 피해는 비만 등의 건강의 문제를 가져왔고 이에 인류는 그 반성의 운동으로

웰빙이라는 새로운 패러다임의 물결을 일으키고 물질과 과학의 의존에서 벗어나 타기 보다는 걷고, 먹기 보다는 식이 요법에 의한 덜 먹는 방향으로 선회하고 시멘트의 높은 빌딩보다는 전원의 초가집을 선호하기에 이르렀다. 기공은 인류의 시작과 함께 인간과 가까이 있었던 동양의 심신 수련법이다. 지금 웰빙의 물결은 기공이 인간 건강의 회복의 도구로 환영받고 있다. 요가 태극권의 수련 바람이 불었고 세계 곳곳에 기공수련의 열풍이 일어나고 있는 것은 인류의 건강을 위하여 실로 환영할 만한 일이다. 도인양생공은 질병의 치료와 예방을 목적으로 하는 기공의 한 종류이다. 그 동작은 호흡과 함께 완만하지만 잘못된 생활습관에 의하여 틀어지고 쏠린 인간의 몸을 바로 잡아주고 질병을 치유하는 적극적인 수련법이다. 금번 본인을 중심으로 동양의 무예와 건강법을 연구하는 박사급의 연구진에 의하여 도인양생공의 이론과 수련법이 출판된다니 뜻이 깊고, 한 평생을 기공과 동양무예의 연구와 보급에 노력한 본인은 무한한 기쁨을 느낀다. 이 작은 시작이 불씨가 되어 학문의 발전은 물론 적극적인 건강법의 개발과 보급이 확산되기를 간절히 바라는 마음을 전한다.

수고한 편저자 제위에게 심심한 노고에 격려를 보내며 이 책을 통하여 많은 사람이 건강에 보탬이 되었으면 한다.

2009년 봄

명지대학교 동방무예연구소장 이학박사
국민생활체육 무술연합회 회장　　허 일 웅

기공학은 인간학이며, 과학이며, 철학이며, 체육학이며, 교육학이다. 기공氣功은 동양의 전통적인 체육이라고 할 수 있고, 동양적인 표현으로 수련학修鍊學이라고 할 수 있다. 새 천 년을 맞은 인간 문화의 새로운 패러다임은 단연 'Well-Being'이다. 웰빙은 '참 살이' 또는 '잘 살기'이다. 참 살기 또는 잘 살기의 시작은 몸을 바로 세우는 것이다. 육체肉體와 마음의 이분법적인 몸이 아니고, 통일되고 유기적有機的인 심신일여心身一如로서의 몸을 바로 인식하는 데서 출발한다. 몸은 생명이 전제된 살아있는 주체主體를 말한다.

기공氣功은 동양의 고대로부터 수련한 생명의 질을 높이는 수련법이다. 육체의 기능을 더 빨리, 더 높이, 더 멀리, 더 많이 하기 위한 근골筋骨의 물리력 향상이 목적이 아니고, 육체의 움직임과 호흡과 마음을 동시에 수련하여 심신心身의 강화는 물론 생명력의 원질原質을 높여 결국은 신명神明나는, 즉 마음을 포함한 몸의 안녕과 즐거움에 이르는 전인적인 양생법養生法이다. 기공은 우주宇宙의 시원始原

인 기氣로 몸을 수련하는 방법론이다. 기氣는 우주에 꽉 차있는 에너지이다. 우주의 모든 물질과 현상을 포함한 존재存在는 기氣로부터 시작되며, 또 기氣로서 모두가 설명된다. 인간도 기氣가 제대로 돌아갈 때 건강한 것이며, 자연과 인간의 기氣가 조화를 이룰 때 우주는 평화롭고 건강한 것이다. 인간은 기氣로 이루어져 있고, 그 기氣를 닦는 것을 기공氣功이라고 할 수 있다. 공功은 '工'과 '力'의 두 글자가 합쳐진 글자이다. '工'은 하늘과 땅 사이에서 인간이 존재하는 것을 형상화한 글자이며, '力'은 힘, 또는 힘을 쓰는 것을 나타내는 글자이다. 따라서 '功'은 인간이 무언가에 집중하여 일을 하고 있는 형상의 글자이다. 이로 보아 기공氣功은 인간의 근원적 생명력인 기氣를 단련하는 것이라고 정의를 내릴 수 있을 것이다.

WHO는 최근에 이르러 건강의 정의를 '인간이 병들지 않고, 허약하지 않을 뿐 아니라 신체적身體的(physical), 정신적精神的(mental), 사회적社會的(social), 영적靈的(spiritual)으로 완전한 상태로 정의하였는데, 동양은 이미 수 천 년 전부터 기공수련을 통하여 이를 실천해 오고 있다.

과학의 발달로 물질문화를 앞 세워 무력과 그들의 종교로 동양을 거의 강제적으로 변화시킨 서양문화는 기계론적인 인간학의 발달로 인간 스스로의 자연치유 능력을 무시한 외과적 수술의 남발, 화학약품의 투여, 유기적인 생명의 본질을 무시한 국소적인 치료술의 발달, 그리고 심지어는 인간의 장기臟器가 매매되는 현실에까지 이르렀다. 또 다른 피해는 과학의 발달로 생활의 편리함으로 인한 운동의 부족과 자연을 멀리한 패스트 푸드 등의 음식문화의 변질로 현대의 인간은 비만과 고혈압, 당뇨 등의 생활습관병에 시달리고 있는 형편이다.

웰빙은 자연을 무시하고 물질중심의 결과에 대한 인간의 반성에 기인된 것이다. 자연과 상응相應하는 소우주小宇宙로서의 인간성의 회복을 의미한다. 물질 중심의 양적量的 생활문화에서 덜 먹고, 덜 소유하고, 늦더라도 스스로 움직임을 택하는 문화로의 전환이다. Positive 중심에서 negative로의 전환이다.

기공氣功은 이러한 웰빙에 맞는 고대로부터의 동양 수련문화이다. 지금 세계는 요가, 태극권 등의 수련의 물결이 거세게 일고 있다. 요가나 태극권은 오래된 동양의 기공氣功이다. 육체의 기능 향상을 중심으로 발달하여 온 서양의 체육에 비해 기공은 생명의 원질을 높이는 전인적全人的인 수련법으로 웰빙에 접근하는 것은 당연하다 할 것이다. 이와 관련하여 기공학의 과학화와 학문화는 시급한 과제이다. 기공이 생활문화로서 전승되고 발전되어 왔지만 학문적 정리는 기초적인 단계에도 이르지 못하고 있는 실정이다. 고전의 문헌과 공법을 체계적으로 정리하여 기공이 인간학, 과학, 철학 그리고 교육학으로 학문이 정립되어야 할 것이다.

현대 기공의 흐름은 건강에 그 초점이 맞추어져 있다. 태극권, 요가 등이 모두 현대인의 심신 건강의 목적으로 수련하고 있다. 그리고 과학과 학문의 발달은 기공 분야도 여러 목적에 의하여 발전하고 있는데, 질병의 예방과 치료의 적극적인 목적을 가지고 수련하는 분야가 도인양생공導引養生功이다. 본서는 경락체조로서의 도인 양생공 이론을 알기 쉽게 정리하고 대표되는 공법의 실기에 주안 점을 두었다. 본서가 건강증진 실천의 텍스트로서, 그리고 현대인 의 건강 실습서로서 모두 활용가능하도록 편집하여 편저자 들이 모두 인체 대상 연구와 경락체조실기에 박사급의 이론과 실전을 망라하였다. 본서가 관련 학문의 분야와 현대인의 건강유지에 도 움이 되었으면 한다.

2009년의 춘추에 편저자 일동

# 제1부

# 도인양생학 개론
## 導引養生學槪論

도인양생導引養生은 몸의 움직임을 통해서 양생養生에 이르는 것을 말한다. 이는 서양의 건강을 위한 운동법과 유사하다고 할 것이다. 그러나 동양의 도인양생이 서양의 운동보다 건강에 더 효과적임이 입증되어 지금 세계는 동양의 운동법인 기공氣功 수련에 열을 올리고 있다. 요가, 태극권 등의 수련열풍이 그것이다. 도인양생은 동양의 기공법에 속하면서 사람의 몸에 유익한 목적을 갖고 개발된 공법을 말한다. 예를 들어 심장心腸의 기능을 향상시키고, 관련된 질병을 예방하고, 나아가서는 심心의 질환에도 치료의 효과가 탁월한 서심평혈공舒心平血功, 위胃와 비脾에 좋은 화위건비공和胃健脾功, 폐肺에 유익한 익기양폐공益氣養肺功 등이며, 고대로부터 전해지는 팔단금八段錦, 오금희五禽戱, 육자결六字訣 등도 도인양생공이다. 도인양생공을 정확하게 이해하기 위해서 도인導引과 양생養生의 의미를 정확하게 알아 둘 필요가 있다.

## 1. 도인導引의 개념

도인導引의 사전적 의미는 호흡의 능력을 높이고, 기氣와 혈血의 순환을 촉진하고 근육과 뼈를 튼튼하게 하며 피로를 풀고 장수하게 하는 몸의 조정과 움직임이라고 하였다. 모든 기공공법이 이에 속한다고 할 수 있다.

현대체육과 다른 점은 몸의 움직임에 호흡과 의식을 병행하여 몸의 기능 향상과 틀어짐과 쏠림을 교정하여 기혈의 흐름을 바르게 하여 생명력을 높이는 것이며, 고대로부터 행한 동양의 체육이라고 할 수 있다. 도인은 경락학의 원리에 따라 행공行功하고, 음양과 오행의 원리에 근거를 두고, 정기신을 고루, 체계적으로 수련하는 동양 양생養生의 방법론이며, 크게 정공靜功과 동공動功으로 나누며, 목적에 따라 무술공, 보건공, 치료공 등으로 나눈다.

## 1) 도인導引의 특성

### (1) 의형결합意形結合 중점재의重點在意

마음과 자세를 같이 하되 마음을 중시한다. 의意는 의념意念 또는 의수意守를 말한다. 형形은 자세 또는 동작을 가리킨다. 공법의 수련에서는 의념과 자세가 밀접하게 결합되기를 요구하며, 그에 따라서 실력이 향상되고, 동작이 숙달되면 수련의 중점을 의념으로 차츰 전환시키는 것을 의형결합意形結合 중점재의重點在意라 한다.

### (2) 동식결합動息結合 착중우식著重于息

동작과 호흡을 같이하되 호흡을 중시한다. 도인양생공의 대표적인 특성은 동작과 자세를 통하여 몸의 쏠림과 틀어짐을 교정하고 기능을 강화하는 것도 있지만 가장 중요한 특성은 호흡능력의 향상이다. 호흡은 곧 생명이다. 인간을 비롯한 모든 생물체는 생명이 있는 한 호흡을 하여야 한다. 호흡의 질이 높으면 그 만큼 생명의 질이 높다고 할 수 있다. 생명의 질이 높다는 것은 건강하고 즐겁게 장수할 수 있음을 의미한다. 따라서 공법의 도인에서 요구하는 동작과 호흡은 긴밀하게 결합하는 것이 중요하다.

### (3) 주신방송周身放松 자세서전姿勢舒展

온 몸을 이완하고 자세를 편히 펼치라. 주신방송 자세서전은 공법 수련의 도인에서 또 하나의 특징이다. 전체의 동작이 넓고 소탈하며, 뻣뻣하게 구속되지 않고, 천천히 부드럽고 가볍게 날리듯 하며 적당히 편안하고 자연스러움이 마치 봄누에가 끊이지 않고 면면히 실을 토하듯 하여야 한다.

### (4) 봉동필시逢動必施 봉작필요逢作必繞

움직일 때는 반드시 펼치고, 꾸밀 때는 반드시 감아라. "봉독필시 봉작필요" 또한 도인보건공의 특징 가운데 하나로써 동작의 처음부터 마지막까지 요구되는 사항이다. 봉독필시 봉작필요란 각각의 동작에서, 포괄적으로 상지上肢와 하지下肢 모두를 돌리고 휘감으며 비틀어 짜서 휘돌리는 가운데 상지上肢와 하지下肢로 흐르는 12개의 경락을 자극하여 도인導引의 효과를 높이며, 상지上肢와 하지下肢의 전체 근골筋骨을 강화시키는데 목적이 있다.

## (5) 제항송항 提肛松肛 귀여식합 貴與息合

항문을 강하게 조이고, 이완을 호흡과 합해 귀하게 여기라. 도인양생공 수련을 통하여 제항 提肛 즉 항문을 회음부 會陰部와 함께 치켜들어서 수련으로 생성되는 진기 眞氣가 세어나가지 않으며, 괄약근 括約筋을 운동시켜줌으로서 기능의 강화와 함께 요실금 등의 증상이 예방된다.

## (6) 완만유화 緩慢柔和 원활연관 圓活連貫

천천히 느슨하고 부드럽게 화합함이 둥그렇고 생기 있게 연이어지듯이 하라. 수련에는 사요 四要와 사불 四不이 있다.

### 가. 사요(四要 : 4가지 요구)

첫 번째 완만 緩慢(천천히 느슨함)

두 번째는 유화 柔和(부드럽게 화합)

세 번째는 원활 圓活(둥그렇고 생기있게)

네 번째는 연관 連貫(연달아 이어지듯)

### 나. 사불(四不 : 4가지 불가)

첫 번째 불강경 不僵硬(굳고 뻣뻣하지 않음)

두 번째 불송해 不松懈(이완을 게을리 말라)

세 번째 불직왕 不直往(곧바로 가지 마라: 원 圓 운동을 하라)

네 번째 불단속 不斷續(자르고 끊지 말라)

## 2) 도인導引의 원칙

① 도인은 동작과 자세와 함께 호흡呼吸과 의식意識이 병행되어야 한다.

② 도인은 심장心臟에서 먼 곳부터 시작하여 차츰 몸의 중심으로 이동한다.

③ 도인은 호흡呼吸의 조정으로 시작과 마무리를 한다.

④ 도인은 한 쪽에 치우치지 않아야 하며 상하, 전후, 좌우가 골고루 움직이도록 대칭이 되어야 한다.

⑤ 수련 시 욕심은 금물이며 반드시 심신의 이완弛緩이 이루어진 다음에 시행한다.

⑥ 도인으로 단련된 진기眞氣는 수련의 종료와 함께 단전으로 걸어 들이는 수공收功을 반드시 하여야 한다.


## 2. 양생養生의 개념

### 1) 양생養生의 정의

양생養生이란 사전적 표현으로 명사로서의 의미는 '무병장수無病長壽'이고 동사로서의 의미는 '건강健康의 유지維持와 증진增進에 힘쓴다.'라고 되어 있다. 사람들은 어떻게 하면 건강장수를 누릴 수 있는가 하는 것이 예로부터 지금까지 가장 큰 관심사의 하나이다. 양생이란 용어는 고대로부터 동양에서 사용된 것으로 지금까지 발견된 가장 오래된 것은 중국 장사의 마왕퇴馬王堆 고분에서 출토된 의학서적에 '양생방養生方' 이란 용어가 사용되었다.

고대로부터 양생養生은 양성養性, 섭생攝生, 도생道生, 위생衛生, 보생保生, 등으로도 불리어 왔고 또한 노년老年의 보건保健에 대하여는 수노壽老, 수친壽親, 수세壽世, 양노養老 등으로 불리어 왔으니 이로 보아서도 양생이란 '생명을 보양保養한다.' 라는 의미임을 알 수 있다.

양생학에는 의학뿐 만 아니라 보건학, 약학, 체육학, 생화학, 건축학 등 사람의 생활에 영향을 미치는 것은 모두 포함되는 것이다. 특히 인체의 생명을 직접 다루는 의학에 있어서 치료 중심적인 서양의학 보다는 예방豫防과 병인病因에 보다 중심을 두는 동양의학이 양생에 보다 가깝다 할 것이다.


## 2) 양생의 역사歷史

양생의 역사는 실로 인류가 이 지구상에 존재하는 순간부터 시작되었다 할 것이다. 여기서는 동양의 중국 역사에 맞추어 양생의 역사를 살펴보기로 한다.


## (1) 기 원

인류는 상고시대부터 기아飢餓와 싸우고 자연환경을 이겨내고 또 그러한 것들을 극복함으로 양생학을 발전시켜왔다. 여씨춘추呂氏春秋 적음適音에 무도舞蹈를 운용하여 관절염을 예방하려 했음을 기록으로 엿볼 수 있다. 주대周代에 있어서는 식물의 영양 방면을 중시한 것을 '주례周禮 천관지天官志'의 기록에서 찾아 볼 수 있다.

## (2) 춘추전국시대 ~ 진한시기

이 시기는 사회형태가 노예제에서 봉건제로 향하는 과도기로서 정치 사회 경제 문화적으로 대변혁하는 시기였으며 학문적으로도 제자백가諸子百家 백가쟁명百家爭鳴의 국면이었으며 양생학의 부문도 '정이양생靜以養生'과 '동이양생動以養生'의 관점으로 발전하였다.

### ① 도가道家의 양생

도가道家는 황노黃老(황제내경의 황제와 노자를 가리킨다)를 조종으로 하여 자연을 숭상하는 학파로 천인합일天人合一과 무위자연無爲自然의 양생법을 주장하였으며 『황제내경黃帝內經』과 『도덕경道德經』이 대표적인 양생서이다.

### ② 유가儒家의 양생

유가儒家의 양생은 선善의 행함과 계율을 지키고 절제된 생활을 통하여 양생의 도道를 주장하였다. 대표적으로 『논어論語』 계씨季氏에 '君子有三戒 少之時 血氣未定 戒之在色 及其壯也 血氣方剛 戒之在鬪 及其老也 血氣旣衰 戒之在得'이라 하여 나이를 먹어감에 따라 욕심이 없고 신체의 상태를 잘 살펴서 양생에 임 할 것을 주장하고 있다.

### ③ 기타 제가諸家의 양생사상

#### 가. 관자官子의 양생사상

관자에서는 정精이 기氣의 기초물질이 되는 것으로서 정精을 잘 보존할 것을 강조하였고 존정存精의 구체적 방법으로 절욕節欲할 것을 주장하여 양생의 중요 원칙은 음식을 절제하고 기후에 순응하는 것이라고 하였다.

#### 나. 여씨춘추의 양생사상

여씨춘추呂氏春秋의 진수편盡壽篇에서는 정기신精氣神과 형체形體의 통일, 조화를 강조하고 이것이 생명의 근본이라 하였고 신체 동작으로서 기혈을 유통시키면 방병防病될 것으로 생각하였다.

#### 다. 회남자의 양생사상

회남자淮南子에서는 형形, 신神, 기氣 간의 통일을 강조하였고 사람의 건강과 질병이 자연환경과 일정한 관계가 있다고 하였다.

#### 라. 왕충의 양생사상

왕충王充은 '논형論衡' 중에서 생사수요生死壽夭와 연년延年의 도리를 근 이십 여 편 언급하였는데 선천적으로 품부稟賦가 강한 사람은 장수長壽하고 품부가 약한 사람은 단명短命하다고 명확히 제시하였다.

### 마. 화타의 양생사상

화타華陀는 체육활동으로 신체를 단련할 것을 매우 중시하였고 비교적 정확한 견해를 가지고 있었다.

## (3) 위진남북조 · 수당의 오대五代의 시기

이 시기에는 불교가 수입되어 유가儒家, 도가道家와 더불어 혼재混在한 때로서 양생의 내용이 풍부한 때이다. 갈홍葛洪은 포박자抱朴子에서 기욕嗜欲을 절제하고 생명을 보양保養하는 방법을 중요시 하였고 양생공법에서는 시간, 명물名物, 신자身姿에 구애받지 않고 경변이행輕便易行할 것을 강조하였다. 남조시의 도홍경陶弘景의 『양생연명록養生延命錄』은 가장 오래된 양생학 전문서로서 특히 고대 연공제가의 연공방법을 집대성하였다. 이밖에 손사막孫思邈의 『천금요방千金要方 양성서養性書』에서 내경의 치미병治未病 사상을 계승 발전 시켰으며 이 시기의 양생서로는 『소원보양선도법巢原保養宣導法』』, 『천은자양생서天隱子養生書, 『양생변의결養生辨宜訣』, 『외고집양생도인법外皐輯養生導引法』, 『섭생록攝生錄』 등이 있다.

## (4) 양송 · 금원시기

이 시기에는 많은 유파流派가 출현하여 쟁명하는 때로서 질병의 예방과 노년병의 방치防治에도 많은 발전이 있었으며 이 시기의 저명한 양생가와 저서로서는 진직陳直의 『양노수친서養老壽親書』, 포건관浦虔貫의 『보생요록保生要錄』, 구처기丘處機의 『섭생소식론攝生消息論』, 왕규王珪

의 『태정양생주론泰定養生主論』 등이다.

## (5) 명·청 시기

이 시기에는 의학의 발전과 더불어 양생학의 발전도 눈부신 시기였다. 이 시기의 저명한 양생가의 저서로는 이중재李仲梓의 『수세청편壽世靑編』, 만전萬全의 『양생사요養生四要』, 고렴高濂의 『준생팔전遵生八箋』, 냉겸冷謙의 『수령요지修齡要旨』, 애경哀亮의 『섭생사요攝生四要』, 호문환胡文煥의 『수양총서壽養叢書』, 조정동曹廷棟의 『노노항언老老恒言』, 허준許浚의 『동의보감東醫寶鑑』, 정렴鄭濂의 『용호비결龍虎秘訣』 등이 있다.

## (6) 근대 ~ 현대

이 시기에는 2차례에 걸친 세계대전이 있었고 중국의 공산화로 인한 폐쇄사회와 한국의 남북 분단, 전쟁 당사국인 일본의 전후 복구 등으로 19세기와 20세기의 말 까지는 양생학의 발전도 지지부진한 상태이었으나 세기말에 동서가 화합하고 냉전이 종식되고 전쟁 중심의 과학의 발전에서 인간 중심의 과학과 산업이 발전되고 대립의 시대에서 화합의 시대로 바뀌면서 양생의 흐름도 본격적으로 질병의 예방과 건강의 유지 위주로 발전되어 기공氣功, 명상瞑想, 요가, 태극권 등의 관심과 수련이 확대되어가고 있으며 기공학이 대학의 학문으로 개설되는 등 학문화 및 과학화하고 있는 추세이다.

### 3) 양생의 방법

양생은 인체의 삼보三寶라 일컫는 정精·기氣·신神이 양생에 가장 중요한 요소라 하겠다. 올바른 양생의 방법은 인체의 물질적인 것 뿐 아니라 살아있는 몸 전체와 관련이 있다고 할 것이다. 따라서 양생의 방법은 수련 뿐만 아니라 정신精神, 음식飮食, 기거起居 등 인간의 생명활동인 전반적인 생활에 모두 관계가 있다고 할 것이므로 양생의 방법 역시 인간의 생활과 관련된 모든 분야에 미쳐야 할 것이다.

## 3. 도인양생공의 배경 이론理論

### 1) 음양론陰陽論

### (1) 음양陰陽론의 기본 내용

음양陰陽은 구체적인 물질이기 보다는 우주내의 사물과 현상의 대립對立되는 양兩 방면에 대한 개념으로 자연계 사물의 성질과 발전 변화의 정형화된 법칙으로 볼 수 있다. 양陽은 원래 햇빛이 비치는 양지를 의미하고 음陰은 그늘을 의미한다. 음양陰陽은 낮에는 해가 뜨고 밤에는 해가 진다는 가장 단순하고 명확한 자연의 법칙에서 출발한 학문으로 맞다 틀리다는 시비是非의 개념이 아니고, 또한 두 개의 개체나 현상으로 나누어진 이원론적 존재가 아닌 동전의 양 면과 같은 일원론적인 상대적 존재론적存在論的 개념이다. 서로 다른 성질의 음양이 대립하는 상호작용相互作用과 이로 인해 유발되는 부단不斷한 변증법적 운동은 우주만물이 생성生成되고 변화變化하는 근거根據이다. 음양은 서로 대립되는 성질을 대표할 뿐 아니라 동일한 사물의 내부에서도 서로 대립되는 양면을 내포內包하는 절대적絕對的 개념이 아니고 상대적相對的인 개념이다. 동양의 고전의서인『황제내경』의 음양응상대론陰陽應象大論 편에

陰陽者 天地之道也 萬物之綱紀 變化之父母 生殺之本始 神明之
府也 治病必求於本

즉 "음양陰陽이란 천지天地의 도道이고, 삼라만상을 통제하는 강기綱紀[1]이다. 변화를 일으키는 주체로서 살리고 죽이는 것이 여기에서 나온다. 또한, 신명神明[2]이 깃들인 집으로서 인간과 삼라만상森羅萬象의 병病은 반드시 음양陰陽의 조절을 통해서 고칠 것이다." 라고 하였고,『역경易經』의 십익十翼중의 계사전繫辭傳에는

一陰一陽之謂道

즉, "한번 음陰하게 되고, 한번 양陽하게 되는 것을 도道라 한다."

1) ①나라의 법과 풍속, 풍습에 대한 기율(紀律). ②사람이 지켜야 할 도리인 삼강오상(三綱五常)과 기율(紀律).≒경기(經紀).
2) ①정신 의식과 사유 활동. ②생명 활동의 기능.

라고 하였다. 우주에서 삼라만상森羅萬象이 무궁한 변화를 일으키고 있는 것은 음陰과 양陽이라는 상대적인 두 기운氣運이 지닌 바의 작용으로 인하여 모순과 대립이 나타나게 하여 만물을 생성生成하고 변화變化하기 때문에, 우주 존재의 이유를 도道라고 한다. 다시 말하면, 우주의 변화 법칙은 궁극으로 보면 음양陰陽의 변화이고, 우주 안의 모든 변화의 법칙을 가리켜 도道라고 한다. 음양은 우리가 살고 있는 광대한 우주 속의 생명법칙이자, 태극太極이 변한 후의 첫 단계이며 오행五行의 전前 단계이기도 하다. 동양은 우주상의 모든 물질과 현상 그리고 그 변화 법칙을 음양이라는 지극히 평범하면서도 명철한 원리로 설명하고 있다. 음양의 원리로 우주의 생성과 모든 현상을 설명하는 주역을 이간易簡이라는 다른 이름으로 부르는 것도 우주의 광대하고 복잡함이 음양陰陽의 지극히 평범하고 간단한 원리原理로 되어있기 때문이다.

인체도 각 장부臟腑가 서로 음양의 관계로 상대되며 인체의 생명 유지의 기본인 정精·기氣·신神도 음양으로 분류가 된다. 인체 내의 음양陰陽이 조화調和와 균형均衡을 이룬 상태를 건강健康하다고 한다. 수련修煉도 호흡呼吸, 공수攻守, 내외內外, 좌우左右, 문무文武, 상하上下, 좌우左右, 전후前後, 수족手足 등이 모두 음양의 대립적인 관계로서 치우치지 않고 균형과 조화를 유지코자하는 것은 음양陰陽의 원리에 근거한다.

## (2) 수련과 음양陰陽

### ① 호흡呼吸

『성제총록聖濟總錄』[3])에 입식入息은 음陰이 되고 출식出息은 양陽이 된다고 하였고 『동의보감』에 호呼는 기氣가 나가는 것이니 양陽이 여는 것이고, 흡吸은 기氣가 들어오는 것이니 음陰이 닫는 것이다. 라고 하였다. 수련에서 호기呼氣를 통하여 심장의 기능이 안정되고 혈압이 안정되고 머리가 맑아지는 효과가 있다. 이는 유여有餘한 양의 기운이 배출됨으로 해서 심신心身의 안정이 이루어지는 것이다. 그러나 기氣가 허약한 사람이 날숨에 치중하면 가슴과 복부에 허전하고 어지러운 현상이 발생한다. 이때는 들숨을 강하게 하면 가슴이 안정되고 머리의 어지러움이 없어지는 것을 느끼게 된다. 심신心身의 상태와 호흡呼吸을 음양의 관계로 인식하여 음양이 조화調和되도록 수련에 임하면 기공의 효과가 배가될 것이다.

### ② 시간時間

인간은 우주, 즉 자연을 닮은 소우주이기 때문에 기공수련도 자연의 법칙에 순응해야 한다. 오전에는 양陽의 기운이 일어나는 때이므로 땀을 흘리는 과도한 수련을 하지 않아 수련에 기氣를 소모

---

3) 宋의 휘종 때 조정에서 인원을 조직하여 엮은 의서(醫書). 역대 의학서를 널리 찾아서 모으고 민간에 전해지는 의학을 집대성한 책이며 책의 본명은 『대덕중교성제총록(大德重校聖濟總錄)』이다.

하지 않고 기氣의 운기運氣가 잘 이루어지고 소통이 잘 되도록 가볍게 심신을 풀어주는 수련이 좋다. 반면 오후에는 양陽의 기운이 쇠잔하고 음陰의 기운으로 바뀌기 때문에 하루 동안 생활로 인한 피로의 물질을 배출하고 사기를 제어하기 위해 땀을 흘리는 수련이 좋다. 수련 후에 몸을 정결히 하고 하루의 생활을 뒤돌아보는 명상瞑想수련을 한 후에 잠자리에 들면 숙면을 취할 수 있다. 그리고 다음날 양陽의 기운이 일어나는 인시寅時[4]에 기상해서 하루의 생활을 시작하고 음陰의 기운이 한창인 해시亥時[5]에 잠을 자는 자연과 상응하는 생활이 음양陰陽의 원리에 맞는 생활이다.

### ③ 주천周天

주천周天 수련은 수련으로 생성되어진 진기眞氣를 운행運行하여 생명력을 높이는 공법으로 기경팔맥奇經八脈 중 임맥任脈과 독맥督脈을 유통하는 소주천小周天과 온 몸으로 운행하는 대주천大周天이 있다. 주천수련의 특징은 음양陰陽의 소장변화消長變化에 근거하여 진행되며 이루어진다. 임맥任脈은 음陰의 기맥氣脈을 통솔하는 경맥經脈으로 주천周天 중에서 퇴화退火를 주관하여 음陰의 기운을 통솔 관리하고, 독맥督脈은 주천周天 중에서 진양進陽을 주관하여 양陽의 기운을 통솔 관리한다. 음양陰陽의 기운이 양맥兩脈을 원활하게 흐르게 된 때를 소주천

---

4) 새벽 3시 30분 ~ 5시 30분 사이의 시간을 인시(寅時)라고 한다.
5) 밤 9시 30분 ~ 11시 30분 사이의 시간을 해시(亥時)라고 한다.

이 이루어졌다고 하며, 일반적으로 건강한 심신心身의 경지에 이르렀다고 하여 백병百病이 침범치 못하는 상태를 말한다.

## 2) 오행론五行論

오행론五行論은 동양의 자연을 인식하는 우주관과 이를 해석하는 방법론이다. 음양론과 더불어 우주내의 모든 물질과 현상의 존재와 질서의 주체이며 원리이다. 또한 시비是非의 개념이 아니고 유기적有機的인 존재론적存在論的 개념이다. 자연계의 수많은 사물과 현상에 대해 연역演繹할 수 있으며 귀납歸納하여 분류할 수 있다. 오행이란 구체적으로 자연계의 모든 사물과 현상을 목木, 화火, 토土, 금金, 수水의 다섯 가지의 성질로 분류하며, 이들의 운동 변화 법칙을 가리킨다. 이들은 서로 다른 특성을 갖고 있으면서 상대를 발생시키고 조장시킬 뿐 아니라 제약(억제)하는 유기적인 관계로 우주의 질서가 유지되는 근거根據가 된다. 서양 우주 구조론의 하나인 4 원소설元素說은 단지 물질적인 개념이며, 그들 간의 유기적인 관계와 변화는 설명하지 못하고 있다. 동양은 우주론과 철학 및 의학 등의 모든 분야에서 음양오행설을 기초하여 설명되고 근거를 극명하게 제시하고 있다. 인체人體도 소우주로서 우주와 같은 구조와 원리로 설명하며, 오장五臟과 육부六腑 등, 구조와 생명의 작용도 오행으로 귀류歸類시켜 오행의 운동법칙인 상생相生과 상극相剋의 유기적인 관계로 생명현상을 설명하고 있다.

수련의 법칙과 움직임, 그리고 바른 인간관계를 갖게 하는 인간

〈표 1〉 오행(五行)의 상생(相生) 상극(相剋) 관계표

| 오행 관계 | 능동적 상생 | 능동적 상극 | 피동적 상생 | 피동적 상극 |
|---|---|---|---|---|
| 목(木) | 화(火) | 토(土) | 수(水) | 금(金) |
| 화(火) | 토(土) | 금(金) | 목(木) | 수(水) |
| 토(土) | 금(金) | 수(水) | 화(火) | 목(木) |
| 금(金) | 수(水) | 목(木) | 토(土) | 화(火) |
| 수(水) | 목(木) | 화(火) | 금(金) | 토(土) |

註 : 능동적 상생 : 자기가 상대를 상생함    능동적 상극 : 자기가 상대를 상극함
     피동적 상생 : 자기를 상대가 상생함    피동적 상극 : 자기를 상대가 상극함

본래의 성품은 오상五常, 즉 인仁, 의義, 예禮, 지智, 신信도 오행五行의 틀에 근거한 것이다. 오행五行으로 우주만물의 존재와 질서를 다섯 가지로 연역演繹되었지만 그들의 개별적인 특성特性을 강조하고 궁구窮究하는 것이 아니고 오행五行의 상호相互간의 관계를 중요시 한다. 즉 오행은 하나가 다른 하나를 조장助長하는 관계가 이어져 하나의 고리環를 이루는데 이 관계를 상생相生의 원리라고 한다. 한편 서로 돕기도 하지만 하나는 어느 하나를 적절히 제어制御하고 그것은 다른 것을 제어하여 역시 서로 꼬리를 무는 것 같은 고리를 이루게 되는데 이를 상극相剋의 원리라고 한다. 오행의 관계를 표시하는 상생과 상극의 두 개의 고리를 하나로 도식圖式화 하면 상생이라는 관계를 표시하는 원圓 속에 상극의 관계를 나타내는 별이 그려지게 된다. 이것이 〈그림 1〉의 오행의 상생 상극도이다.

　나무는 불을 일으키고 불은 흙을 생성하고, 흙은 금을, 금은 물을, 물은 나무를 각각 이롭게 하는 관계가 상생相生이다. 나무는 흙

<그림 1> 오행 상생상극도

상생 : 木生火, 火生土, 土生金, 金生水, 水生木 　상극 : 木剋土, 土剋水, 水剋火, 火剋金, 金剋木

을, 흙은 물을, 물은 불을, 불은 금을, 금은 나무를 각각 억제抑制하는 관계가 상극相剋이다. 오행五行의 상생相生과 상극相剋의 관계가 적절하게 이루어질 때, 우주宇宙는 조화調和와 질서秩序가 유지된다. 그러나 상대를 너무 제압制壓하여 상대의 존재存在 자체에 영향을 주는 관계를 상승相乘의 관계라 하고, 제압制壓해야 할 상대에게 역逆으로 제압당하는 관계를 상모相侮의 관계라고 한다. 자연인 우주宇宙와 소우주小宇宙인 인체人體가 질병疾病의 상태가 되는 것은 오행 상호간의 질서가 무너진 상승과 상모의 관계가 그 이유이다.

　우리의 생활에서 오행의 원리를 적용한 예는 우리가 이름을 정할 때의 법칙인 돌림자는 오행의 상생相生의 법칙에 따른다. 즉 아버지의 돌림자가 목木에 해당하는 상相이면 그 아들은 목생화木生火의 상생相生의 원리에 따라 화火에 해당하는 환煥, 열烈, 희熙 등을 돌림자로 쓰게 되는데, 이는 아버지가 아들을 낳고, 키운다는 오행의 상생의 원리가 적용된 예이다. 또, 서울의 4대문이 그 위치한 방향에 따라 오행에 의하여 명칭이 정하여 졌다. 남대문은 오행 상 남쪽 방위인 화火에 해당하는 오상五常의 예禮를 넣어 숭례문崇禮門, 동대문은 목木인 인仁을 취하여 숭인문崇仁門, 서대문은 금金인 의義를 취하여

〈표 2〉 오행(五行)의 귀류(歸類)

| 오행(五行) | 목(木) | 화(火) | 토(土) | 금(金) | 수(水) |
|---|---|---|---|---|---|
| 오방(五方) | 동(東) | 남(南) | 중앙(中央) | 서(西) | 북(北) |
| 오시(五時) | 봄 | 여름 | 계절의 사이 | 가을 | 겨울 |
| 오장(五臟) | 간(肝) | 심(心) | 비(脾) | 폐(肺) | 신(腎) |
| 오부(五腑) | 담(膽) | 소장(小腸) | 위(胃) | 대장(大腸) | 방광(膀胱) |
| 오색(五色) | 청(靑) | 적(赤) | 황(黃) | 백(白) | 흑(黑) |
| 오미(五味) | 산(酸) | 고(苦) | 감(甘) | 신(辛) | 함(鹹) |
| 오성(五性) | 수(收) | 견(堅) | 완(緩) | 산(散) | 연(軟) |
| 오체(五體) | 근(筋) | 혈(血) | 육(肉) | 피(皮) | 골(骨) |
| 오규(五竅) | 눈(目) | 혀(舌) | 입(口) | 코(鼻) | 귀(耳) |
| 오기(五氣) | 풍(風) | 열(熱) | 습(濕) | 조(燥) | 한(寒) |
| 오성(五聲) | 호(呼) | 소(笑) | 가(歌) | 곡(哭) | 신(呻) |
| 오지(五志) | 노(怒) | 희(喜) | 사(思) | 비(悲) | 공(恐) |
| 오액(五液) | 눈물(淚) | 땀(汗) | 군침(涎) 脾液 | 콧물(涕) | 침(唾) 腎液 |
| 오화(五華) | 손발톱(爪) | 얼굴(面) | 입술(脣) | 피부(皮) | 머리카락(髮) |
| 오화(五化) | 생(生) | 장(長) | 화(化) | 수(收) | 장(藏) |
| 오맥(五脈) | 현(弦) | 홍(洪) | 완(緩) | 색(濇) | 침(沈) |
| 오신(五神) | 혼(魂) | 신(神) | 의(意) | 백(魄) | 지(志) |
| 오상(五常) | 인(仁) | 예(禮) | 신(信) | 의(義) | 지(智) |
| 오수(五數) | 3(三) | 2(二) | 5(五) | 4(四) | 1(一) |
| 오취(五臭) | 누린내(臊) | 탄내(焦) | 향(香) | 비린내(腥) | 썩은내(腐) |

돈의문敦義門, 북문은 수水인 지智를 취하여 홍지문弘智門이라 정하고 오행에서 중앙의 개념인 토土에 해당하는 신信을 취하여 서울의 중앙에 보신각普信閣을 설치하여 4대문의 열고 닫힘을 통제하였다.

## 3) 정기신精氣神 론

인체를 구성하고 생명을 유시시키고 활동하는 것의 근본이 되는 것이 기氣이다 이것을 인간을 구성하는 요소와 역할에 따라 나눈 것이 정精ㆍ기氣ㆍ신神이며 모두 광의廣義의 기氣의 범주에 속한다. 도가道家는 이것을 인체의 삼보三寶라 했다. '정ㆍ기ㆍ신'은 인간의 생명을 구성하는 3요소이며, 정精이란 생명의 원질이고, 기氣란 생명을 유지ㆍ활동케 하는 근원根源이다. 그리고 신神은 정과 기를 바탕으로 나타나는 정신작용이다. 정기신의 관계를 촛불에 비하면 초의 몸체는 정精이라 할 수 있겠고, 정을 태워서 일어나는 촛불은 기氣라 할 수 있고, 촛불에서 나오는 광채는 신神이라 할 수 있겠다. 오진편悟眞篇[6]에 '생명활동은 정ㆍ기ㆍ신에 의해 발현되는 것으로 신은 기의 전환으로 생기며, 기는 정을 기초로 해서 발생되므로 정ㆍ기ㆍ신 삼자는 항상 수련修煉하는 것이 마땅하다' 하여 심신수련의 근거와 필요성을 주장하였다.

---

6) 『오진편(悟眞篇)』: 북송(北宋) 장백단(張伯端)의 기공수련서이며, 호흡을 중심으로 인체 내의 기를 수련하는 것을 내단(內丹)이라 하는데 장백단은 오진편을 통하여 내단사상과 수련방법론을 정립하였다는 평가를 받고 있다.

## (1) 정精 – 생명生命의 원천源泉

정精은 좁게는 부모의 정보情報, 즉 유전인자遺傳因子를 간직한 정액精液을 뜻하지만, 넓게는 생식활동과 생명활동을 가능하게 하는 기본 물질을 뜻한다. 한의학에서 '정'은 단순히 분자식으로 환원되는 물질이 아니라, 자체 생명력을 지닌 포괄적인 생명의 기본 물질로 간주된다. 정精은 생명활동의 근원이 되는 기氣를 생성한다. 부모로부터 품수稟受한 것을 선천지정先天之精이라 하고, 땅의 기氣인 수곡지기水穀之氣와 하늘의 기氣인 호흡지기呼吸之氣를 통하여 출생 후의 생명을 유지하는데, 이렇게 생성된 것을 후천지정後天之精이라 한다. 동양의학의 전통적인 사상은 정精의 간직은 생명력의 충만으로, 그것의 소모는 생명력의 쇠퇴로 이해한다. 때문에 정은 특별히 남자의 정액이라는 의미로 쓰이는 경우도 있지만, 대체로 인간 생명의 원천이라는 의미로 쓰인다. 그렇다면 늙어가면서 정이 약해지면 어떤 증상이 나타나는가? 그것은 정과 혈의 허약으로 나타난다.

정이 약해지면 몸에 있는 일곱 구멍[七竅], 곧 두 눈, 두 귀, 두 콧구멍, 입 등이 제 구실을 하지 못한다. 울 때는 눈물이 나지 않고 오히려 웃을 때 눈물이 흐른다. 늘 걸쭉한 콧물이 많이 나오고 귀에서는 늘 매미 우는 소리가 들린다. 음식을 먹을 때 입이 마르며, 잘 때에 침을 흘린다. 자기도 모르게 오줌을 찔끔거리며 매우 굳거나 설사하는 똥을 싼다. 낮에는 졸음이 많고 밤에는 누워도 정신이 또렷하여 잠이 오지 않는다.

## (2) 기氣 - 몸의 지킴이

동의보감에서는 기氣가 몸의 구성과 활동의 가장 근본이며 목숨을 늘려 주는 약이라고 강조한다. 기氣도 부모로부터 품수稟受된 선천先天의 기와 음식과 호흡을 통하여 생성된 정精의 작용으로 생성된 후천後天의 기로 분류할 수 있는데, 기氣는 마땅히 수련하여야 생명력을 높여 신명神明나는 삶을 살 수 있다고 한다. 이것은 기는 수련할 수 있고 수련을 통하여 질병을 막고 수명을 늘일 수 있음을 뜻한다.

### ① 기氣의 발생發生에 따른 종류

#### 가. 선천지기先天之氣

부모로부터 품수稟受한 것을 말하며, 원기元氣 또는 정기正氣라고도 한다.

#### 나. 후천지기後天之氣

태어난 후에 호흡呼吸과 음식飮食을 통하여 생성된 정精의 작용에 의해 생성된 기氣를 말하며, 진기眞氣라고도 한다.

### ② 기氣의 분포에 따른 종류

#### 가. 원기原氣

원기는 인체 내에서 가장 기본적인 것이고, 중요한 기이며, 인체 생명활동의 원동력이 된다. 원기는 주로 신腎이 저장한 정기가 위주이며 신정腎精에 의해 화생化生된다. 원기는 삼초三焦

를 통하여 전신에 분포된다.

## 나. 종기宗氣

종기는 흉중에 있는 기로서 종기가 있는 곳을 기해氣海라고 한다. 종기는 자연계의 청기淸氣와 비위脾胃가 운화運化한 수곡정기水穀精氣가 결합하여 형성된다. 종기는 주로 흉중에 있으면서 폐의 호흡활동과 심의 혈액운행을 촉진하는 역할을 한다.

## 다. 영기營氣

영기는 맥 중에서 혈과 함께 순행하는 기로서 영양이 풍부하다 하여 이름 한 것이다. 또 혈과의 관계가 깊으므로 영혈營血이라고 하며 위기衛氣와 상대적으로 음에 속하므로 영음營陰이라고 한다. 영기의 중요한 생리기능은 혈액을 통하여 전신에 영양을 공급하고 화생하는 것이다.

## 라. 위기衛氣

위기는 맥 외에 흐르는 기이며 영기와 상대적으로 양에 속하므로 위양衛陽이라고 한다. 위기의 중요한 생리기능은
첫째, 체표를 보호하여 사기邪氣의 침입을 막는다.
둘째, 장부, 근육, 피부 등을 온양溫養한다.
셋째, 땀 배설을 조절하여 체온을 유지한다.

### ③ 기氣의 생리작용

#### 가. 추동작용推動作用

기는 활력이 매우 강한 정미精微물질로서 인체의 생장, 발육, 장부, 경락 등 조직기관의 생리활동, 혈액의 생성과 운행, 진액의 생성 분포와 배설 등에 대하여 추동작용이 있다. 만약 기가 쇠약하여 기의 추동작용이 감퇴되면 인체의 생장 발육에 영향을 주며 혹은 빨리 쇠퇴되거나 장부의 기능이 감퇴되고, 혈과 진액의 생성부족, 혹은 운행이 지연되어 혈허血虛, 혈액의 운행 장애와 수액이 머무르는 등 병리변화가 발생한다.

#### 나. 온후작용溫煦作用

기는 에너지의 내원來源이다. 사람의 체온은 주로 기의 온후작용에 의해 유지되며, 각 장부, 조직기관의 생리활동도 온후작용 하에서 진행된다. 특히 혈과 진액 등 액체상태의 물질은 기의 온후작용에 의존해야만 응결凝結되지 않고 정상적으로 순행할 수 있다. 만일 기의 온후작용이 감퇴되면 추워하고 더운 것을 즐기며 사지가 싸늘하고 체온이 떨어지며 혈과 진액의 흐름이 늦어지는 등 한상寒象이 나타난다. 또 일부 원인에 의해 기가 흩어지지 못하면 열을 발생하여 찬 것을 좋아하고 더운 것을 싫어하며 방열放熱하는 등 열상熱象이 나타난다.

### 다. 방어작용防禦作用

인체의 방어작용은 매우 복잡하여 기혈, 진액, 장부, 경락 등 조직기관의 각종 종합작용을 포함한다. 그 중에서 기는 매우 중요한 작용을 일으킨다. 기의 방어작용은 주로 전신의 피부를 보호하여 육음六陰 등, 사기邪氣의 침입을 방지하는 것이다. 기의 방어기능이 감퇴되면 질병에 대한 저항력이 떨어지며 쉽게 병에 걸린다.

### 라. 고섭작용固攝作用

기의 고섭작용이란 주로 기가 혈액, 진액 등 액체상태의 물질이 유실流失되는 것을 방지하는 것이다. 구체적으로는 혈액을 통섭하여 혈맥 속에서만 순행하고 맥 외로 넘치지 못하게 하고 한액, 뇨액, 타액, 위액, 정액 등의 분비와 배설량을 통제하여 유실되는 것을 방지한다. 만약 기의 고섭작용이 감퇴되면 체내의 액체상태 물질이 대량으로 유실될 위험이 있다. 예를 들어 혈액을 통섭하지 못하면 각종 출혈이 생기고 진액을 통섭하지 못하면 땀이 저절로 나고 다뇨, 소변실금, 설사 등이 나타나며 정을 통섭하지 못하면 류정流精, 조설早泄 등이 생긴다.

### 마. 기화작용氣化作用

기화란 기의 운동運動을 통하여 생성되는 각종 변화이다. 구체적으로는 정, 기, 혈, 진액 등 각자의 신진대사와 상호 전화이다. 기, 혈, 진액의 생성에서 음식물이 수곡정기로 전화轉化하는 것, 수곡정기가 다시 기, 혈, 진액으로 화생하는 것, 진액이 대사를 거쳐 땀과 오줌으로 변화되는 것, 음식물이 소화 흡수를 거쳐 찌꺼기가 분변으로 되는 과정 등은 모두 기화작용의 구체적 표현이다. 그러므로 기화작용은 실제로 체내의 물질대사 과정이며 물질의 전화와 에너지 전화轉化의 과정이다. 기화작용이 멎으면 생명활동도 멎게 된다.

## (3) 신(神) - 정신精神활동의 주체主體

신神이라는 말에서도 알 수 있는 것처럼 신神은 물질적 요소가 아니라 보다 추상적이고 고차적인 '무엇'을 의미한다. 신은 인간의 정신적 활동을 제어하는 원리가 된다. 동의보감에서는 신을 관장하는 기관을 심장으로 보는데, 심장은 마음이 깃든 중심기관이며, 다른 장기에도 신이 깃들어 있다고 말한다.

오장은 각기 각자의 신神을 가진다. 심장은 신神을 간직하고, 폐肺는 백魄을 간직하고, 간肝은 혼魂을 간직하고, 비脾는 의意를 간직하고, 신腎은 지志를 간직한다고 말한다. 여기서 신은 정기가 변화해서 생긴 것이며, 백은 정기精氣를 바로잡고 도와주며, 혼은 신기神氣를 도와주는 것이다. 의意란 기억하고 잊지 않는 것이고, 지志란 마음을 온전히 하여 변하지 않는 것이다. 만일 오장에 공급되는 기가 끊어지면, 오장에 속한 신神이 겉으로 드러나서 죽게 된다. 즉, 신은 안에 깃들어서 드러나지 않게 생명활동을 영위토록 하는 것인데, 그

활동이 정지될 경우에는 그것이 곧 죽음인 것이다. 한의학에서는 몸과 마음을 분리된 존재로 보지 않고 하나의 통일된 존재로 본다. 인간의 감정이 모두 오장과 신체 부위에 관련된다고 보는 점에서 한의학은 심신일원론心身一元論이라 할 수 있다. 앞서 서술한 정精과 기氣 중에서 정은 인간의 가장 기본이 되는 물질적 측면이며 개체 보존을 위한 생식활동에 관여한다. 이에 비한다면 기는 정보다도 고차적이며 몸의 생리적인 운용을 담당하는 요소이다. 신은 정보다도 더욱 고차적인 것으로 인간의 감정과 심리를 담당한다. 인간을 정精과 기氣와 신神이라는 세 가지 측면에서 바라본 것은 심신心身의 이원론으로 보는 서양의 사상과는 달리 인체를 하나의 통일된 심신일원론의 사상에서 나왔다고 할 것이다.

### ① 신神의 생성生成

영추靈樞 본신편에 '故生之來謂之精 兩精相搏謂之神'이라고 하여 신의 근원은 생명과 같아서 부모쌍방의 정기가 교합되어 이루어진다고 하였다. 배태胚胎가 형성되면 생명의 신도 동시에 육성되고 출생 후에는 수곡과 호흡에 의하여 신도 계속 자양을 받아 사용하여도 소진되지 않는 상태를 계속 보존할 수 있게 된다. 때문에 영추 평인절곡편에 '신은 수곡水穀의 정기이다' 하였으며 소문 육절장상론에도 '오미는 구口로 입入하여 위장에 저장된다. 오미가 저장되면 오기를 양養하고, 기氣는 화和하여 진액을 화생하며, 신은 거기서 자연히 생긴다.'라고 하였다. 이상의 내용에 의하여 신도 일정한 물질적인 기초 위에서 생성되는 것임을 알 수 있다.

### ② 오장五臟과 신神

동의보감에는 모든 장기에 각자의 신이 존재한다고 하였다. '심장은 신神을 간직하고, 폐는 백魄을 간직하며, 간은 혼魂을 간직하고, 비는 의意를 간직하며, 신은 지志를 간직한다.' 심장의 신은 정기가 화해서 생긴 것이며, 폐의 백魄은 정기를 바로잡도록 도와주며, 간의 혼은 신기를 도와준다. 의意란 기억하여 잊지 않는 것이며, 지志란 마음을 온전히 하여 변하지 않는 것을 말한다. 따라서 마음의 상태가 오장의 상태에 영향을 미칠 수 있기 때문에 마음이 편하고 고요하여 변하지 않는 것이 올바른 양생이라고 하겠다.

### ③ 원신元神과 식신識神

원신은 부모로부터 받아 태아 때부터 이미 지니고 있는 것을 말하며, 선천의 신이라고도 한다. 식신은 세상에 태어나서 학습과 경험, 기억에 의해서 생겨난 것으로 대뇌의 작용과 밀접한 관계가 있다. 식신은 사람의 대뇌활동, 의식의 사유 활동 대부분을 가리킨다. 원신은 정신, 의식 사유 활동의 지배를 받지 않고 사람의 생명 활동을 주재한다. 그러나 식신은 주로 사람의 정신과 의식, 사유 활동의 영향을 받으며 생명 과정에 관여한다. 이 두 가지가 통일성을 가지고 상호 작용할 때 사람은 정상적인 생명활동을 유지할 수 있게 된다.

## 4) 경락론經絡論

경락經絡은 동양의 의학과 기공에서 인체를 통일된 하나의 유기체有機體로서 설명하는 요체이다. 경經은 머리에서 발까지 인체의 종적縱的인 흐름을 의미하고 락絡은 횡적橫的으로의 흐름을 의미한다. 경락經絡은 인체 내의 전신의 기혈을 운행하고 장부와 사지, 관절을 연락하고 상하 내외를 연계시키는 통로이다.

이 경락經絡의 체내에서의 주요 연결기능은

첫째, 체내의 각 장부 사이의 기능적인 연관관계

둘째, 체내의 각 장부와 체표와의 연결 관계

셋째, 좌우, 상하의 기능적인 연결 관계 이다.


경락經絡은 인체의 생명을 유지시켜주는 영양의 공급과 대사代謝 찌꺼기의 회수, 외사外邪의 방어 등에 필요한 기혈 등의 운행통로가 되므로 인체의 각 경락의 유통이 원활히 이루어 져야 양생養生을 할 수 있는 것이다.


## (1) 경락의 기능

### ① 생리적 기능

**가. 기혈운행, 주신영양周身榮養, 항어병사抗禦病邪, 보위기체保衛機體의 기능**

출생 이후에 섭취된 음식물이 비위脾胃의 소화흡수작용을 거치며, 그 중 정미精微로운 것은 위기衛氣, 영혈營血로 변화하게 된다. 태생기에 형성된 경락에 영혈은 맥 중으로 들어가고, 위기는 맥 외로 순행하여 혈기운행의 작용을 시작하게 된다. 이것으로 전신에 영양을 공급하고 병사를 방어함으로서 보위기체의 기능을 가지게 된다.

### 나. 인체의 내외, 표리, 상하를 구통溝通하며 일개一個 통일정체적 작용

12경맥을 주체로 12경별, 기경팔맥, 전신경락을 배합하여 일개 순환적 정체를 조성하여 내로는 오장육부에 연락을 갖고, 외로는 사지백해, 경근經筋, 피부, 사지와 구간軀幹이 긴밀한 연계로서 인체활동과 통일의 유기체를 구성하고 있다.

### 다. 경락과 자연환경의 상관관계

인간이 대자연에서 생활하면서 자연환경의 변화, 즉 인체와 자연계와의 기후, 시간 등과 서로 유관하며, 특히 경락의 흐름과 시간과는 서로 일정한 관계가 있음을 설명하고 있다.

## ② 병리적 기능

경락은 병사病邪를 안으로 전파하고, 인체내부의 병변病變을 외부로 반영하는 통로가 된다. 따라서 질병의 발생과 전변轉變에 간여한다. 내외의 원인에 의하여 경락에 이상이 생기면, 경락은 기혈을 운행하고, 영양을 전신에 공급하며, 외사外邪에 대항하는 등의 기능을 적절히 발휘하지 못하므로 병리작용이 발생하여 내장, 오관, 사지, 근골 등에 병변이 발생하게 된다. 이를 정리하면 다음과 같다.

### 가. 경락과 내장과의 병리관계

외사의 침입에 의하여 발생되는 내장의 병변은 경락을 통하여 전도된다.

### 나. 경락과 오관五官의 병리관계

오관과 내장의 관계는 경락이 통과하므로 연계적 발생이 일어난다. 즉 경락에 병이 있으면 그 소속 경락이 주主하는 기관器官에 병태病態가 발생하게 된다.

### 다. 경락과 사지근골의 병리관계

사지절四肢節, 골骨, 피皮, 육肉, 혈血은 다 반드시 경기經氣를 받아서 영양營養하므로 경락이 수병受病하면 그 소속 경락이 통과하는 사지절, 골, 피, 육, 혈에 반드시 필연적으로 병태病態가 출현한다.

## (2) 경락의 작용

### ① 생리적 작용

경락은 기혈을 운행하고, 신체를 자양滋養하는데 이것은 체표體表는 위기衛氣에 의해서, 체내體內는 영혈營血에 의해서 기혈운행이 이루어짐으로서 수족이 따뜻해지고 전신에 영양이 공급되는 것을 의미한다.

## ② 병리적 작용

경락은 인체의 이상을 반영하는 작용을 의미한다. 즉 장부(臟腑)의 정상기능이 손상되어 질병이 발생한 경우, 경락이 연계된 체표의 유관 부위에서 질병적 소견(所見)이 나타나는 현상으로 설명된다.

## ③ 치료적 작용

경락은 침습병사에 대하여 침구자극 등을 전도하는 작용을 가짐으로서 침구자극에 대한 치료효과를 거둘 수 있다.

## (3) 12 경맥

각 장부는 하나의 경맥(經脈)에 연계되며 몸의 좌우로 나뉘어 머리와 얼굴 및 몸통과 팔 다리를 도는데, 전신상하를 세로(縱)로 뚫는 경락 계통의 주체이다. 경락의 명칭은 간, 심, 비, 폐, 신 등의 오행적 개념과 궐음, 소음, 태음 등의 육기적 요소가 결합된 것이다. 한 가지 예로 족궐음간경을 보면 족은 발이라는 경락의 위치를, 궐음은 육기(六氣)적 의미를, 간은 오행적 해당 장부를 나타내고 있다. 오행, 즉 오운(五運)의 기본 개념이 계절이라면, 육기는 같은 여름철이라도 맑은 날이나 비오는 날, 아주 더운 날이나, 덜 더운 날, 이런 내용에 비유된다. 오운이 물질에 가깝다면 육기는 에너지에 가깝다. 오행이 오장육부라는 물질적인 존재의 껍데기라면, 육기는 그 속에 담기는 내용물이란 뜻이다. 그러나 작금에는 오행, 즉 오운만을 강조하고 육기의 개념을 경시하여 경락의 개념이 원래 경락의 이론에

벗어난 것이어서 육기의 개념의 복원이 필요한 실정이다.

12경락은 수태음폐경에서 시작하여 전신을 유주하여 족궐음간경에서 끝나고 여기서 다시 수태음폐경으로 다시 유주한다. 장부 중에서 장臟은 음경陰經에 속하고 몸통에서 팔 안쪽으로 흐르는 수삼음경이 있고 몸통에서 다리 안쪽으로 흐르는 족삼음경이 있다. 부腑는 양경陽經에 속하고 팔의 바깥쪽에서 머리로 흐르는 수삼양경이 있으며, 다리 바깥쪽에서 몸통으로 흐르는 족삼양경이 있다.

삼양의 명칭은 태양, 양명, 소양이며 수태양소장경, 수양명대장경, 수소양삼초경이 수삼양경이고, 족태양방광경, 족양명위경, 족소양담경이 족삼양경이다.

삼음의 명칭은 태음, 소음, 궐음이고, 수태음폐경, 수소음심경, 수궐음심포경이 수삼음경이고, 족태음비경, 족소음신경, 족궐음간경이 족삼음경이다.

## (4) 기경팔맥

기경팔맥奇經八脈은 12경맥 이외의 별도를 기행奇行하는 경맥으로서 그 작용은 12경맥의 부족을 보충하는 것이고 다른 방면으로 12경맥의 기혈성허氣血盈虛에 협조하여 기체 조절의 평형을 유지한다. 기경팔맥의 위치와 기능을 살펴보면, 독맥督脈은 포중胞中(아랫배를 의미함)에서 시작하여 등 한가운데를 지나며, 양경을 총감독하는 양맥의 바다이다. 임맥任脈은 포중에서 시작하여 흉복부를 지나며, 음경을 총괄하므로 음맥의 바다라 한다. 충맥衝脈은 포중에서 일어나

위로 머리에 이르고, 아래로 발에 다다라 족소음과 나란히 가며, 12경의 기혈을 조절하므로 12경의 바다라 한다. 대맥帶脈은 계륵季肋에서 시작하여 허리를 한 바퀴 도는 것이 허리띠와 같으며 음양의 모든 경이 이에 속한다. 교맥蹻脈은 음양의 2개의 맥이 있으며, 각각 발뒤꿈치의 안팍에서 시작하여 복숭아뼈 가장자리를 지나 각각 다리 안팍으로 올라가 몸통을 지나 눈 안쪽 모서리에 이르며, 음교와 양교는 몸의 양측의 음양을 주관하고 눈을 적셔주며, 열리고 닫힘을 다스리고 다리 운동과 함께 잠자는 것을 주관한다. 유맥維脈은 음양 각 2개의 맥이 있으며, 각각 다리에서 시작하여 머리에 이르러 음유맥은 임맥과 서로 합쳐 모든 음경에 연계되며, 양유맥은 뒷목에서 독맥과 회합하여 모든 양경과 연계된다.

### (5) 15락맥絡脈

라강羅綱의 의미가 있으며, 경經의 분지盆地이고 횡행橫行의 소락선이다. 15락맥은 15대락大絡이라고도 칭하며, 12경맥에 임맥任脈과 독맥督脈, 비脾의 대락을 가加한 것이다. 그 분포의 특징은 표表에 속하여 양경陽經에서 분출된 것은 표리表裏가 되는 이裏의 경맥을 향하여 주행하고, 이裏에 속하여 음경陰經에서 분출된 것은 그와 표리가 되는 표表의 경맥을 향하여 주행한다. 또한 15락맥 외에 위胃의 대락이 있는데, 좌유근하에서 갈라져 횡격막을 뚫고 상행하여 폐장肺臟으로 연결되며, 이는 종기宗氣가 집적集積되는 장소이다.

**〈표 3〉 15락혈(絡穴) 및 주치(主治)**

| 絡穴 | 經脈 | 實證 | 虛證 |
|------|------|------|------|
| 列缺 | 폐 경 | 手掌의 橈側 발열 | 頻尿, 遺尿 |
| 內關 | 심포경 | 胸口疼痛 | 嘈雜 |
| 通里 | 심 경 | 胸口脹悶 | 失音 |
| 支正 | 소장경 | 관절이완, 上肢 | 피부질환 |
| 外關 | 삼초경 | 關節炎拘攣 | 肘관절굴곡불능 |
| 偏歷 | 대장경 | 충치, 耳聾 | 齒槽膿漏, 胸中室塞 |
| 公孫 | 비 경 | 복통 | 腹脹 |
| 蠡溝 | 간 경 | 陰基異狀勃起 | 陰部瘙痒 |
| 大鍾 | 신 경 | 尿瀕溜 | 요통 |
| 飛揚 | 방광경 | 鼻塞, 두통, 背痛 | 鼻출혈 |
| 光明 | 담 경 | 昏厥 | 下肢 |
| 豊隆 | 위 경 | 정신실상 | 소퇴근육위축 |
| 鳩尾 | 임 맥 | 복부피부동통 | 복부피부동통 |
| 長强 | 독 맥 | 項背强直 | 頭昏 |
| 大包 | 脾의 大絡 | 신체동통 | 전신관절이완 |

## (6) 경혈經穴

각 경락을 철도로 비유할 때 각 역에 해당하는 곳을 경혈經穴이라 하는데 경혈은 기氣가 출입하고, 기氣가 모이고, 기氣가 갈라지는 곳이며 또한 외사外邪가 침범하는 통로가 되기도 하는 곳이다. 인체의 장부와 경락은 표리表裏의 관계이기 때문에 장부에 이상이 있을 경우 해당 경락에서 보사補瀉의 방법으로 이상을 바로 잡는데 이 경우 사용하는 침이나, 뜸, 지압 등을 행하는 곳이 경혈經穴이다. 인체의 경혈은 총 365개가 각 경락에 분포한다.

① 경락의 시작 혈과 끝 혈

　　가. 수태음폐경 : 중부(가슴) ~ 소상(손)

　　나. 수양명대장경 : 상양(손) ~ 영향(얼굴)

　　다. 족양명위경 : 승읍(얼굴) ~ 여태(발)

　　라. 족태음비경 : 은백(발) ~ 대포(가슴)

　　마. 수소음심경 : 극천(가슴) ~ 소충(손)

　　바. 수태양소장경 : 소택(손) ~ 청궁(얼굴)

　　사. 족태양방광경 : 정명(얼굴) ~ 지음(발)

　　아. 족소음신경 : 용천(발) ~ 유부(가슴)

　　자. 수궐음심포경 : 천지(가슴) ~ 중충(손)

　　차. 수소양삼초경 : 관충(손) ~ 사죽공(얼굴)

　　카. 족소양담경 : 동자료(얼굴)~ 규음(발)

　　타. 족궐음간경 : 대돈(발) ~ 기문(가슴)

　　　* 흐르는 순서 가슴~손~얼굴~발~가슴~손 의 순서로 흐른다

　　　** 가슴에서 손, 발에서 가슴으로 흐르는 경은 음경이고, 손에

　　　　서 얼굴, 얼굴에서 발로 흐르는 경락은 양경이다.

　　파. 임맥 : 회음(성기부근) ~ 승장(턱)

　　하. 독맥 : 장강(성기부근) ~ 은교(윗입술 안쪽)

② 오행혈(오유혈)

12경맥에서 팔꿈치와 무릎 아래의 다섯 개의 중요한 경혈을 말

하며 사지의 말단에서 중추를 향하여 정井, 영滎, 유俞, 경經, 합슴으로

요혈要穴이 배열되어 있으며 한의학에서 침의 시료는 대부분 오행 혈에서 취혈하여 치료한다.

## 가. 정井

수족의 끝에 있어 맥기脈氣가 나가는 곳出이며, 물 흐름의 원천과 같다 하여 정井이라 한다.

## 나. 영滎

맥기가 머무는 곳留이며, 물이 수원에서 처음 흐름 같이 미소微少하다 하여 영滎이라 한다.

## 다. 유俞

맥기가 주입注入되는 곳注이며, 유俞는 수輸와 같은 뜻으로 미소微少한 유수流水가 좀 깊은 곳으로 주입되는 것 같다 하여 유俞라 한다.

## 라. 경經

맥기가 통행하는 곳行으로, 유주流注된 물이 큰 강을 이루어 흐르는 것과 같다 하여 경과經過란 뜻이다.

## 마. 합合

맥기가 들어가는 곳入으로, 강이 바다로 나아감 같이 맥기가

장부臟腑로 들어가 다른 경락과 회합會合하는 까닭에 합合이라
한다.

### ③ 특수혈特殊穴

특수혈은 원혈原穴, 락혈絡穴, 극혈隙穴, 복모혈腹募穴, 복유혈腹俞穴 등
을 말하는 것으로 오행혈과 더불어 임상 활용도가 높다. 원혈, 락
혈, 극혈은 주슬관절부 이하에 있기 때문에 취혈 및 사용하기가 편
리하며, 복모혈과 배유혈은 각각 복부와 등쪽에 위치하여 상호 밀
접한 관계에 있으며, 병증의 진단과 치료에 효과가 높은 중요한 곳
이다.

### 가. 원혈原血

원혈은 장부원기의 경과經過와 유지留止의 혈위穴位로 각 12경에
있어서 원혈의 반응을 살펴 장부의 허실을 진단할 수 있다.
또한 내경에서 "五臟有病, 取之十二原"이라 하여 원혈이 주
로 오장의 병을 치료할 수 있고, 난경에서는 "三焦行干諸陽
故置一俞名曰原"이라 하여 원혈에서 삼초三焦의 원기가 조절
됨을 알 수 있다. 따라서 진단적 측면에서 원혈은 본장부의
허실을 진단함에 그 의의가 크고 치료적 측면에서 오장의
'有病 取之十二原'이니 내장병 특히 본장부의 허실병을 치
료할 수 있음에 그 의의가 크다 할 것이다. 원혈은 음경에서
는 유혈[土]과 일치하며, 이를 임상에서는 '원락배혈原絡配穴',

'원합배혈原合配穴' 등으로 사용한다.

**〈표 4〉 12원혈**

| 경락 | 원혈 | 경락 | 원혈 |
|---|---|---|---|
| 폐 경 | 太淵 | 방광경 | 京骨 |
| 대장경 | 合谷 | 신 경 | 太谿 |
| 위 경 | 衝陽 | 심포경 | 大陵 |
| 비 경 | 太白 | 삼초경 | 陽池 |
| 심 경 | 神門 | 담 경 | 丘墟 |
| 소장경 | 腕骨 | 간 경 | 太衝 |

### 나. 락혈(絡穴)

Ⅰ부 경락편 참조

### 다. 극혈郄穴

극혈은 '갑을경'에서 언급하였다. 특징적인 유혈俞穴의 한 종류로 '극郄'은 틈이라는 뜻이며, 경맥기혈이 곡절曲折하여 회취공극匯聚孔隙, 즉 각 경기經氣가 심집深集하는 곳이다. 장부에 병이 있을 때에는 해당한 경맥의 극혈에 반응이 나타나며, 각 경이 순행하는 부위와 소속된 내장의 급성병, 일례를 들면, 급성위통(위경련)에 양구梁丘를 응용할 수 있는 것처럼 해당 경맥과 장부의 급성병, 특히 동통을 수반한 경우에 효과가 좋다. 또한 극혈은 경락, 장부의 출혈을 치료할 수 있으며, 12경맥과 기경팔맥의 양교맥, 양유맥, 음유맥에 각 1개씩 모두 16개의

**〈표 5〉16극혈**

| 경락 | 극혈 | 경락 | 극혈 | 경락 | 극혈 | 경락 | 극혈 |
|---|---|---|---|---|---|---|---|
| 폐 경 | 孔最 | 심 경 | 陰隙 | 심포경 | 陰門 | 양교맥 | 跗陽 |
| 대장경 | 溫溜 | 소장경 | 養老 | 삼초경 | 會宗 | 음교맥 | 交信 |
| 위 경 | 梁丘 | 방광경 | 金門 | 담 경 | 外丘 | 양유맥 | 陽交 |
| 비 경 | 地機 | 신 경 | 水泉 | 간 경 | 中部 | 음유맥 | 築賓 |

극혈이 존재한다.

### 라. 배유혈背俞穴

장부의 경기經氣가 배부背部의 유혈俞穴로 수주輸注하는 곳으로 척주脊柱의 양쪽으로 내려간 방광경 일 측선에 위치하면서 오장육부와 밀접한 관계를 가지는 유혈俞穴이다. 배유혈은 오장육부의 경기經氣가 잔등에 주입되는 곳이라는 뜻에서 붙여진 이름이며, 기氣를 옮기는 양陽의 작용, 즉 장부기능[陽]의 조정과 장부와 관계가 있는 주신周身과 기관 질환을 치료하므로 주로 기병氣病에 진단점, 치료점으로 많이 사용된다.

**〈표 6〉12경 배유혈**

| 폐 경 | 대장경 | 위 경 | 비 경 | 심 경 | 소장경 | 방광경 | 신 경 | 심포경 | 삼초경 | 담 경 | 간 경 |
|---|---|---|---|---|---|---|---|---|---|---|---|
| 肺俞 | 大腸俞 | 胃俞 | 脾俞 | 心俞 | 小腸俞 | 膀胱俞 | 腎俞 | 厥陰俞 | 三焦俞 | 膽俞 | 肝俞 |

### 마. 모혈募穴

장부의 경기經氣가 흉복부 유혈俞穴로 결취結聚하는 곳으로 배유혈과 비교하여 기氣를 모집해 들이는 음陰의 작용을 가지고 있으며, 장부의 음양편성[陰]을 조정하는 작용이 있다. 즉 모혈은 해당 장부의 만성질병과 혈병血病에 진단점과 치료점으로 많이 이용되어 진다. 12장부에 한 개씩 모두 12개가 있으며, 해당 장부가 위치부위의 흉복부 체표면상 근접부위에 있다.

**〈표 7〉 12 모혈**

| 폐 경 | 대장경 | 위 경 | 비 경 | 심 경 | 소장경 | 방광경 | 신 경 | 심포경 | 삼초경 | 담 경 | 간 경 |
|---|---|---|---|---|---|---|---|---|---|---|---|
| 中府 | 天樞 | 中脘 | 章門 | 巨闕 | 關元 | 中極 | 京門 | 膻中 | 石門 | 日月 | 期門 |

### 바. 회혈會血

회혈이란 한 개의 경혈에 수개의 경락이 동시에 속해 있어서 경락을 서로 연결시키는 경혈이다. 즉 하나의 경혈이 자경自經뿐 아니라 타 경락과도 서로 교회관계를 맺고 있는 경혈을 말하며 그 종류와 작용은 다음과 같다.

• 팔맥교회혈 : 기경팔맥과 사지부위의 혈과 서로 통하는 혈위로 비록 기경팔맥이 사지에 흐르지는 않지만 팔맥교회혈을 통해서 기경의 통증을 치료할 수 있다.

• 팔회혈八會穴 : 팔회혈은 장臟, 부腑, 기氣, 혈血, 근筋, 맥脈, 골骨, 수髓 팔자八者의 회합혈을 가리킨다. 팔자八字에 질병이 발생할 경우, '난경難經'에서는 "熱病在內者 取其會之氣穴也"라 하여 열병을 위주로 치료할 수 있는 여덟 개 혈

**〈표 8〉 팔맥 교회혈**

| 本 經 | 八 穴 | 通穴脈 | 主 治 |
|---|---|---|---|
| 족태음 | 公 孫 | 충 맥 | 心, 胸, 胃 |
| 수궐음 | 內 關 | 음 유 맥 | |
| 수태양 | 後 谿 | 독 맥 | 目內眥, 頸項, 耳, 肩膊, 小腸. 膀胱 |
| 족태양 | 申 脈 | 양 교 맥 | |
| 족소양 | 足臨泣 | 대 맥 | 目外眥, 耳後, 煩, 頸, 肩 |
| 수소양 | 外 關 | 양 유 맥 | |
| 수소음 | 列 缺 | 임 맥 | 肺系, 咽喉, 胸膈 |
| 족소음 | 照 海 | 음 교 맥 | |

**〈표 9〉 8회혈**

| 구 분 | 穴 名 | 치료 범위 |
|---|---|---|
| 臟 會 | 章 門 | 五臟病(肺, 心, 肝, 腎, 脾) |
| 腑 會 | 中 脘 | 六腑病(胃, 大腸, 小腸, 膽, 膀胱, 三焦) |
| 氣 會 | 膻 中 | 氣病(氣滯, 氣鬱, 氣虛…) |
| 血 會 | 膈 留 | 모든 혈병(瘀血, 出血, 血虛…) |
| 骨 會 | 大 杼 | 모든 골병(骨痿, 附骨疽…) |
| 髓 會 | 縣 鍾 | 모든 髓病(惱髓, 脊髓, 骨髓…) |
| 筋 會 | 陽陵泉 | 모든 근병(痙攣, 筋麻차, 관절통…) |
| 脈 會 | 太 淵 | 모든 혈맥의 병(出血…) |

을 가리키며 임상상 극혈과 배합하여 사용한다.

### 사. 아시혈阿是穴

천응혈天應穴, 통응혈通應穴, 부정혈不定穴이라고도 한다. 즉 아픈 부위에 혈을 정하고 침과 뜸을 실시하는 곳을 아시혈이라고 한다. 이것은 고정된 혈 위치가 있는 것이 아니라 아픈 부위가 있는 곳을 혈위로 하는 것이다.

### 아. 사관四關

경외기혈經外奇穴이라고 한다. 대장경의 합곡혈合谷穴과 간경의
태충혈太衝穴을 합한 네 개의 혈을 사관四關이라 하며, 소아경풍,
의식을 잃었을 때, 경련, 팔다리 저림 등에 쓴다. 주로 이기활
열理氣活熱, 청열진경淸熱鎭驚 작용이 있으므로 기체어혈氣滯瘀血, 열
증熱症, 경련 등이 있는 모든 증상에 쓴다.

## (7) 소 결小結

살펴본 바와 같이 경락은 인체를 통일된 하나의 유기체有機體로서 설
명하는 요체이다. 경락은 인체의 생명력인 기氣가 흐르는 통로이고
각 경락으로 흐르는 기의 흐름은 마치 우주에서 각 은하와 태양계
등에서와 같이 일정한 질서를 유지하며, 생명의 활동과 유지가 원
활하도록 끊임없이 활동하는 생명유지의 중요한 기능을 담당하고
있는 것이다. 각 경락별로 인체의 주요 대사기관인 장臟·부腑와 연
결되어 있으며, 다시 다른 장부와 연결된 경락과 연결되어 있고,
각 경락은 음양과 오행으로 구별되어 음양의 조화를 유지하며 오
행의 상생과 상극의 관계를 유지하여 각 경락에 해당되는 장부臟腑
가 서로 돕고 적당히 견제하여 인체의 생명력이 원활히 유지되도
록 끊임없이 기를 공급하고, 탁기를 방출하는 통로이다. 국가와 사
회에 있어서 각각의 도시와 그들을 잇는 도로가 매우 중요한 것처

럼 인체 내에서 이에 해당하는 경락과 경혈은 매우 중요한 기능을 담당하고 있다고 할 것이다.


## 5) 장부론臟腑論

장부臟腑는 인체에 있는 내장의 총칭이다. 고대에는 장부臟腑론을 가리켜 '장상臟象론'이라고 하였는데, 상상臟象이라는 말은 장臟은 인체의 오장육부를 가리키고, 상象은 장부의 형태와 기능의 외재적 표현을 가리킨다. 장臟은 내경에서 '藏'으로 쓰이며 저장한다는 뜻이다. 장은 간·심·비·폐·신 다섯 개이며 합해서 '오장五臟'이라 한다. 공통된 생리적 특징으로는 정, 기, 혈, 진액 등을 만들고 저장한다.

부腑는 내경에서 '府'로 쓰이며 '창고·집'의 뜻으로, 사람과 사물이 들어가고 나올 수 있으나 오래 머물 수 없다. 부는 담, 소장, 위, 대장, 방광, 삼초이며, 합해서 '육부六腑'라고 한다. 육부의 공통된 생리적 특징은 음식물을 받아들여 소화시키고 전달하는 것이다. 한의학에서 말하는 장부가 현대 인체해부학과 그 모양과 이름이 같은 내장이지만, 그 생리기능과 병리현상은 매우 다르다. 예를 들어, 현대생리학에서 말하는 심장heart은 혈액순환을 추진하는 펌프작용을 하고 있다. 그러나 한의학에서 말하는 심장은 가슴 속에 있으며 혈액순환 외에, 심은 오장육부의 큰 주인으로, 정신精神이 머무는 곳이다. 라고 말한 것과 같이 인간의 정신활동 까지 맡고 있다. 장부는 경락으로 연결되어 각 장부와 오행의 작용으로 유기적인 관계를 갖고 있으며, 수련修煉을 통하여 경혈을 자극하고 경락이 지나는 부위를 단련하여 장부의 활동에 도움을 주는 것이 수련의 목적과 필요성의 근거가 된다.

장臟과 부腑 사이에는 상생相生, 상극相剋의 관계가 있다. 『소문 음양응상대론陰陽應象大-論』에서 '간肝은 힘줄을 낳고 힘줄은 심心을 낳으며… 심心은 피를 낳고 피는 비脾를 낳으며… 비脾는 살을 낳고 살은 폐肺를 낳으며… 폐肺는 피부를 낳고 피부는 신腎을 낳으며… 신腎은 골수를 낳고 골수는 간肝을 낳는다' 고 하여 오장 사이에 상생 관계가 있음을 나타내었다. 또 『소문 오장생성론』에서는 '심心은 혈맥과 합하고, 그 빛은 얼굴색에 나타나며, 신腎의 통제를 받는다. 폐肺는 피부와 합하고, 그 빛은 가는 털에 나타나며, 심心의 통제를 받는다. 간肝은 힘줄과 합하고, 그 빛은 손발톱에 나타나며, 폐肺의 통제를 받는다. 비脾는 살과 합하고, 그 빛은 입술에 나타나며, 간肝의 통제를 받는다. 신腎은 뼈와 합하고, 그 빛은 머리카락에 나타나며, 비脾의 통제를 받는다' 고 하여 오장의 상극에 대하여 설명하였다. 이와 같이 장과 부는 상생 상극의 상호작용을 통하여 인체를 유지시킨다. 또한 장과 부 사이에는 생리적으로 서로 밀접한 관계가 있다. 비와 위를 예로 들면, 비는 소화 흡수와 운반을 맡고 위는 음식물을 받아들이는 것을 맡으며, 비의 기운은 올리는 것을 맡고, 위의 기운은 내리는 것을 맡는 등, 비위는 각각의 작용을 가지며, 이밖에 소화 흡수 운반과 음식물을 받아들이는 작용을 할 때 서로 의존하는 소화과정을 갖는다. 그리고 비가 올리는 작용과 위가 내리는 작용은 상호통제와 상호생성의 작용을 일으킨다.

그리고 서로 작용이 다른 장과 부 사이에는 표리表裏관계가 있다. 예를 들어, 『소문 혈기형지론血氣形志-論』에서 '족태양방광경과 족소음신경은 표리관계를 이루고, 족소양담경과 족궐음간경은 표리관계를 이루며, 족양명위경과 족태음비경은 표리관계를 이루는데, 이것은 다리의 삼음경과 삼양경이다. 수태양소장경과 수소음심경은 표리관계를 이루고, 수소양삼초경과 수궐음심포경은 표리관계를 이루며, 수양명대장경과 수태음폐경은 표리관계를 이루는데, 이것은 팔의 삼음경과 삼양경이다' 라고 하여 경락과 장부 간의 표리관계에 대하여 말하였다.

그밖에 장부는 인체의 머리카락, 피부, 살, 혈맥, 힘줄, 뼈 등의 조직과 눈, 귀, 코, 입, 혀, 성기, 항문 등의 아홉 구멍과도 밀접한 관련이 있다. 예를 들면, 폐는 코로 구멍을 열고 피부를 주관한다. 심은 혀로 구멍을 열고 혈맥을 주관한다. 신은 귀와 성기와 항문으로 구멍을 열고 뼈를 주관한다.

이상에서, 장부의 개념과 작용에 대한 줄거리를 살펴보았다. 여기서 우리가 반드시 알아야 할 것은, 한의학에서 말하는 장부가 현대 인체해부학과 그 모양과 이름이 같은 내장이지만, 그 생리기능과 병리현상은 매우 다르다는 것이다. 예를 들어, 현대생리학에서 말하는 심장heart은 혈액순환을 추진하는 펌프작용을 하고 있다. 그러나 한의학에서 말하는 심장은 가슴 속에 있으며 혈액순환 밖에, 『영추. 사객편』에서 '심은 오장육부의 큰 주인으로, 정신이 머무는 곳이다' 라고 말한 것과 같이 인간의 정신활동까지 맡고 있다. 이와 같이 한의학의 장부 개념은 인체의 유기적인 활동 중에서 생리기능과 병리현상까지 포괄하는 개념으로 이해해야 한다. 더욱 자세한 것은 생리학을 통해서 배우고, 간단히 오장육부에 대해서 알아보자.

## (1) 오장五臟

### ① 간肝

#### 가. 위치와 형태

간의 위치에 대해 명대 의가인 활수의 『14경발휘+四經發揮』에 보면 '간은 치료는 왼쪽에서 하지만, 있기는 오른쪽 옆구리에 있고, 왼쪽 신장의 앞에 위胃와 나란히 있으며, 9번 등뼈에 붙어 있다' 고 되어 있는데, 대략 가슴과 횡격막의 아랫부분, 오른쪽 옆구리 안쪽에 있다고 할 수 있다. 그 형태에 대해서 『난경 42번 문제』를 보면, '간은 무게가 두 근 넉 냥이며, 왼쪽에 세 잎, 오른쪽에 네 잎, 모두 일곱 잎으로 되어있다' 고 했고, 당대 양현조의 해설을 보면 '간의 잎은, 크게 보면 두 개이고, 작게 보면 많다' 고 했다. 역대의 의서에 모두 이와 같이 설명되어 있으나 『천금요방千金要方』『의학입문醫學入門』 등에는 무게가 넉 근 넉 냥이라고 했다.

## 나. 기능

### • 혈액 저장 기능

간이 혈액을 저장한다는 것은, 혈액을 저장하고 혈액량을 조절하는 생리기능을 말한다. 『영추 본신本神』에서는 '간은 혈액을 저장한다'고 했고, 『소문 오장생성론』에서는 '사람이 잠을 잘 때는 혈액이 간으로 돌아와 저장되는데, 눈은 혈액의 영양을 받아야 세상을 볼 수 있다'고 했다. 여기서 혈액을 저장하는 데는 두 가지 뜻이 있다. 즉 하나는 간이 일정한 양의 혈액을 저장했다가 인체 각 부분에 필요한 만큼 공급하는 기능이요, 다른 하나는 혈액부족을 방지하는 기능을 말한다. 혈액이 부족하면 어지럼증, 팔다리 마비, 월경량 부족, 가벼운 어지럼증 등의 증상이 나타난다. 임상臨床에서, 갑자기 화를 내서 피를 토하면 그 원인이 간에 있다고 하는데, 그 이론적 근거는 '분노는 간을 상하게 하고… 간은 혈액을 저장한다'에 있다. 왜냐하면 크게 화낼 때에는 정신적으로 강렬한 자극이 간 기능에 영향을 주어, 간기가 치밀어 올라 혈액을 저장하는 기능을 못하게 되고, 혈액은 기가 치밀어 오름에 따라 피를 토하게 되기 때문이다.

### • 장군 직책이며 계획을 냄 (군 참모총장)

간은 굳세고 성급하며, 움직이기 좋아하는 것이 특징인데,

이에 관하여 『소문 영란비전론靈蘭秘典論』에서는 '간肝은 장군 將軍 직책이며 계획을 낸다' 고 했고, 『영추 사전師傳』에서는 '간은 장군과 같아 (눈을 시켜) 밖을 살핀다' 고 하여 사기를 막는 기능에 대하여 설명했으며, 왕빙도 '간은 용감해서 결단을 내릴 수 있다. 그래서 장군이라고 한다' 고 했다. 또한 『갑을경甲乙經』에서는 '오장육부에서 간은 장군 노릇을 한다' 고 하여, 간의 기능과 모양을 마치 장군 직책과 같이 묘사하고 있다.

• 소설疏泄을 주관함

'소疏' 는 '소통시킨다' 는 뜻이고, '설泄' 은 '발산한다' 는 뜻이다. 간의 소통기능이 정상이면 기 순환은 막힘없이 잘 통하고 조화를 이루며, 장부와 경락의 활동도 조화를 이룬다. 그러나 간이 소통기능을 잃으면 기가 오르고 흩어지며 잘 통하는 데 장애를 받아 기 순환이 시원스럽지 못하거나 간기가 막혀서 맺히는 등의 병리변화가 나타나거나, 또는 기가 치밀어 오르는 것이 심해져서 토혈(식도에서 나오는 피), 객혈(기도에서 나오는 피)을 하게 되고, 더욱 심하면 기궐증氣厥症이 된다.

**다. 힘줄, 손발톱과 간의 관계**

간은 힘줄을 다스린다. 『소문 음양응상대론』에 보면 '간은 힘줄을 낳는다’ 고 했고, 『소문 오장생성론』에서는 ‘간은 힘줄에 합한다’ 고 했으며, 『소문 육절장상론』에서는 ‘간은 피로함을 견디는 바탕이니… 그 빛은 손발톱에 나타난다’ 라고 하여 간과 힘줄, 그리고 그 활동이 하나로 이어지는 관계가 있음을 설명했다.

손발톱이 단단한지 부른지 두꺼운지 얇은지, 또 그 색이 윤택한지 어떤지 등을 살펴 간이 건강한지 어떤지를 알 수 있다. 임상에서, 간에 혈액이 모자라면 대개 손발톱이 연하고 얇아지고 색이 묽고 희게 되며, 또는 손톱이 푹 꺼진다. 또 나이를 많이 먹어 몸이 쇠약해지고 간에 혈액이 왕성하지 못할 때도 손발톱이 마르고 약해진다.

### 라. 눈과 간의 관계

눈과 간의 관계에 대하여 『영추 맥도』에 보면 ‘간기肝氣는 눈으로 통하는데, 간이 조화로우면 눈으로 색을 구별할 수 있다’ 고 했고, 『소문 금궤진언론』에서는 ‘동쪽은 푸른색에 해당하는데 (간과 통하고), (간의) 구멍은 눈으로 열려있으며, 그 정기는 간에 저장된다’ 고 했으며, 『소문 오장생성론』에서는 ‘사람이 잠을 잘 때는 혈액이 간으로 돌아와 저장되는데, 눈은 혈액의 영양을 받아야 세상을 볼 수 있다’ 고 했다. 눈은 간의 기혈이 적시고 기르는 작용을 받음으로써 시각기능을 발휘하게 되므로, 간과 눈은 서로 밀접하게 연관되어 있다. 그러므로 눈병에는 간을 치료해야 한다.

## ② 심心

### 가. 위치와 형태

『영추 사전편』에 '오장육부는 심心이 임금이 되는데, 결분은 그 통로이므로, 빗장뼈 안쪽 끝뼈(괄골)의 길이와 명치뼈의 모양으로 (심의 상태를) 살핀다'고 했고, 『유경도익類經圖翼 경락』에서는 '심은 폐관肺管 아래에 있고 횡격막 위에 있으며, 등뼈 5번에 붙어… 뾰족한 원을 닮았고, 모양이 연꽃의 꽃술처럼 생겼고… 심의 바깥은 붉고 누런 기름막이 싸고 있는데, 이것이 심포락心包絡이다'라고 했다. 심의 위치는 가슴속, 횡격막 위, 폐 아래이며, 모양은 둥글면서 위가 뾰족하여 아직 피지 않은 연꽃과 같다.

『소문 평인기상론平人氣象論』에 '위의 대락을 허리라고 하는데, 횡격막을 뚫고 올라가 폐에 이어지고, 왼쪽 젖가슴 아래로 나와서 그 박동이 손으로 느껴지는데, 맥 중에서 종기宗氣가 나타나는 것이다'라고 했는데, 바로 이 부위가 아프거나 답답하고 두근거리는 등의 증상이 나타나면 마땅히 심병心病을 고려해야 한다.

### 나. 기능

- 임금 직책이며 정신을 냄 (대통령)

심은 인체 생명활동의 주인으로서, 장부 가운데에서도 맨 윗자리를 차지하여 인체의 각 부분을 통제하므로, 이를 가리켜 '심은 몸의 주인이다' 라고 했다. 『소문 영란비전론』의 '임금 직책이며 정신을 낸다', 『영추 사객편』의 '심은 오장육부의 큰 주인으로, 정신이 머무는 곳이다', 『소문 선명오기론宣明五氣論』의 '심은 정신을 간직한다' 등의 구절이 이를 뒷받침하고 있다. 또한 인간의 사유 활동이나 장부기능의 협조, 기혈의 흐름 등도 모두 심 기능에 의존하므로, 심을 생명 활동의 중심이라고 하는 것이다.

심장에 병이 생기면, 두근거림, 답답증, 두려움, 불면증, 의식장애 등의 증상이 나타난다. 이런 병증은 내상이나 외감外感이 원인이 되어 일어나는데, 내상은 심장 자체가 건강하지 못하거나 감정이 지나쳐서 일어나는 질병이고, 외감은 육음六陰의 사기가 침범하여 열사熱邪가 심포心包로 전해져서 일어나는 증상이다. 그러나 어떤 경우이건, 모두 심이 주인 노릇을 못하기 때문에 나타나는 병증이다.


• 혈맥을 주관하고 그 빛은 얼굴색에 나타남

『소문 오장생성론』에서 '혈액은 모두 심에 속한다' 고 하여 온몸의 혈액과 맥이 심에 속함을 설명했다. 온몸의 혈액은 맥을 따라 운행하며, 맥은 혈액이 운행하는 통로이다. 그러므로 『소문 맥요정미론脈要精微論』에서는 심을 '혈액 창고'

라고 했다. 심이 혈맥을 주관하는 기능의 정상여부는 얼굴 색, 맥, 혀 색 등으로 나타난다. 그래서 얼굴에 그 빛이 나타난다고 했다. 심과 혈맥이 허약해지면 혈액순환이 나빠지므로 얼굴색이 창백해지고 광택이 없어진다. 심기가 고갈되면 혈맥의 운행이 껄끄럽거나 막히고, 얼굴색은 본래의 발그스레함과 윤택함을 잃고, 어둡거나 퍼런 자주색을 나타낸다. 『영추 경맥』에 보면 '수소음심경의 기가 끊어지면 맥이 통하지 않고, 맥이 통하지 않으면 혈액이 흐르지 않아, 얼굴이 윤택함을 잃는다. 그래서 얼굴이 검어 옻칠한 것 같을 때는 혈액이 먼저 손상된 것으로, 죽는다'고 했다. 이는 심과 혈맥의 관계를 증상으로 살펴본 것이다.

● 혀와 심의 관계

『소문 음양응상대론』에 보면 '심은 혀로 구멍을 연다'고 했고, 『영추 맥도』에서는 '심기는 혀로 통하므로, 심이 조화로우면 혀로 맛을 구별할 수 있다'고 했는데, 이것은 모두 심과 혀의 관계를 설명한 것이다.

이 이론의 근거는 종종 심의 병증이 혀에 반영되는 것이다. 예를 들어, 심음心陰이 허하거나 혹은 심화心火가 왕성하면, 혀끝이나 혀 전체가 붉고, 혓바늘이 돋거나 혀가 부서지는 것처럼 아픈 증상이 나타난다. 심양心陽이 허하거나 심기, 심혈이 모자랄 때는 혀 색이 옅고 어둔 빛이 나타난다. 심혈이 막혀 어혈이 생기면 혀에 자줏빛이 돌거나 어둡고, 죽은피가 점같이 나타난다. 병의 사기가 심에 들어가면 혀가 뻣뻣해지고 말이 굼뜬 증상이 나타난다.

• 심포락心包絡

심의 바깥 둘레를 심포心包 또는 심포락이라고 부르는데, 심포락이 심을 둘러싸서 보호하는 작용을 하기 때문이다. 『소문 영란비전론』에 보면 '단중은 신사臣使직책(대통령 비서실장)이며 기쁨과 즐거움을 낸다'고 했고, 『영추 창론脹論』에서는 '단중은 임금(심)이 있는 안쪽 성이다'라고 했는데, 이는 심포락이 심의 뜻을 전달하고 심의 명령을 대신 시행함을 설명하는 것이다.

심포락의 형체에 대하여, 장개빈은 『유경도익 경락』에서 '심의 바깥은 붉고 누런 기름막이 싸고 있는데, 이것이 심포락이다'라고 하여 심포락이 형체가 있다고 하는 반면에, 『난경 25번 문제』에서는 '심포락과 삼초가 서로 표리表裏관계를 이루며, 둘 다 이름만 있고 형체가 없다'고 하여 형체가 없다고 주장했다. 그러나 심포락의 기능에 대하여 역대의 의가들은 비교적 일치된 견해를 갖고 있다. 한의학에서는 '심포가 심을 대신해서 사기邪氣를 받는다'고 하여, 외사外邪가 침입한다 하더라도 심은 임금이기 때문에 사기를 직접 받지 않고, 심포가 심을 대신하여 사기를 받는 것으로 인식하고 있다. 예를 들면, 『영추 사객편』에서 '그러니까, 사기가 심에 있다고 하는 건, 사실 모두 심포락에 있는 것이다' 라고 했다. 또한 심포가 '심을 대신해서 사기를 받는다' 는 학설은 후대의 의가들에게 영향을 미쳐, 온병학설의 외감열병에서 의식장애가 있거나 헛소리하는 등, 심이 정신을 주관하는 기능이 장애를 받아서 생기는 병증을 '열이 심포에 들어온 것' 이라고 했다. 이런 증상의 명칭은 현재까지 계속 사용되고 있다.

### ③ 비脾

#### 가. 위치와 형태

비의 위치에 대하여 『소문 태음양명론太陰陽明論』에서 '비와 위는 막으로 이어져 있다' 고 했고, 『맥경脈經』에서는 '장문혈은 비의 모혈인데, 배꼽 바로 옆, 마지막 갈비뼈 끝에 있다. 등에서 비수脾俞혈은 가슴등뼈(흉추) 11번 아래에 있다. 이것이 비가 있는 부위다' 라고 했으며, 더 나아가 『의관醫貫』에서는 '횡격막 아래에 위가 있는데 음식을 받아들여 소화시킨다. 그 왼쪽에는 비가 있는데, 같은 막으로 위와 함께 있고, 위胃 위에 붙어 있다' 고 하여 비위가 모두 뱃속에 있음을 설명했다. 비의 형태에 관하여 『난경 42번 문제』에서는 '비의 무게는 두 근 석 냥이며, 폭이 3촌이고 길이가 5촌이며, 흩어져 있는 기름덩어리가 반근이다' 라고 했고, 『의관』에서는 '그 색은 말간처럼 붉은 자주색이고, 그 모양은 낫 같다'고 설명했으며, 『의학입문』에서는 '모양이 납작해서 말발굽 같이 생겼는데, 낫 같기도 하다'고 했다. 일반적으로 『난경』에서 말한 '흩어져 있는 기름덩어리'는 현대 해부학의 췌장pancreas이며, 말간과 같이 붉은 자주색이고 모양이 말발굽처럼 평평하며 낫과 같다는 것은, 모두 비장spleen에 대한 설명이다. 그러므로 『장상론』에서 말하는 비의 형태는 해부학적 비장과 췌장을 포괄한다.

## 나. 기능

• 소화 흡수 운반을 맡음

운화運化는 '운반'과 '소화 흡수'라는 뜻이다. 비의 소화·흡수·운반 기능은, 음식물의 영양분(정미精微 : 아주 순수하고 아주 작은 물질)을 소화·흡수·운반하고, 수분을 흡수·운반하는 두 가지 기능을 포괄하고 있다. 위의 소화작용과 소장의 청탁을 나누는 작용(淸 : 영양분 / 濁 : 똥·오줌으로 버릴 것)으로 얻어진 영양분은 비의 소화 흡수 운반 기능에 의해 온몸으로 수송된다. 『소문 태음양명론』에서 '팔다리는 모두 위胃에서 기를 받으나 직접 경맥에 이를 수는 없고, 반드시 비에 의존해야만 기를 받을 수 있다'고 했고, 『소문 기병론奇病論』에서도 '대개 음식이 입으로 들어가면 위에 저장되고, 비는 위를 위해 그 정기를 운행시킨다'

고 했다. 또, 『소문 경맥별론』 중에서 '음식이 위에 들어가면 그 정기는 넘쳐서 위쪽의 비로 운반되고, 비기는 이를 흩뿌려서 위쪽의 폐로 모여들게 하는데, (폐는) 물길을 조절하여 아래쪽에 있는 방광으로 흐르게 한다. (여기서 생긴) 물의 정(精)은 밖으로 온몸에 퍼지고 안으로 오장의 경맥에 흘러든다' 고 했다. 이것은 비가 음식물을 소화·흡수·운반하는 기능이 있음을 설명한 것이다.

비가 수분을 흡수 운반하는 기능이 줄어들면 수분이 몸 안에 머물게 되므로, 습濕이나 담음痰飮 등의 병리적 물질이 생기거나 부종이 생긴다. 그러므로 『소문 지진요대론至眞要大論』에서 '습 때문에 생기는 부종, 창만 증상은 모두 비에 속한다' 고 한 것과 같이, 비가 허해서 습이 생기는 것, 비가 담음을 만드는 것, 비가 허해서 부종이 생기는 것이 다 이것 때문이다. 예를 들면, 수분과 습이 위장 안에서 흡수되지 못하면 설사가 나오고 소변은 시원스레 나오지 않는다. 수분과 습이 살과 피부에 있어서 밖으로 배출되지 못하면 몸이 무겁고 붓는다.

• 혈액을 통제함

비가 혈액을 통제한다는 말은, 혈액이 맥 안에서 운행하도록 하고, 맥 밖으로 벗어나지 않도록 통제하는 작용이다. 비가 혈액을 통제하는 기전機轉은 기가 혈액을 통제하는 것과 같다. 비가 혈액을 통제할 수 있는 까닭은, 비가 기혈을 만들어내는 근원이기 때문이다. 비가 소화·흡수·운반하면 기혈이 만들어지게 되고, 기가 혈액을 통제하는 기능이 정상적으로 발휘된다.

만약 비 기능에 이상이 생기면 혈액을 통제하는 작용이 조화를 잃어 출혈성 질환이 생긴다. 예를 들어, 오랜 동안 피똥을 누는 것이나 월경량이 많은 것, 자궁출혈 등이 발생한다. 이런 병증을 치료하려면 혈액을 비로 돌려보내거나 비를 보補해서 혈액을 길러야 한다.


• 살과 비의 관계, 입술과 비의 관계

『소문 음양응상대론』에 보면 '비는 살을 낳는다'고 했는데, 이는 온몸의 살이 비위가 소화·흡수·운반한 영양분에 의존하여 적셔지고 길러짐을 나타낸 것이다. 그러므로 비위가 소화·흡수·운반을 잘 해서 온몸의 영양이 충실하게 되면 살이 튼튼해지고 팔다리에 힘이 생긴다. 그 반대면 살이 마르고, 팔다리에 힘이 없는데, 심한 경우 살이 마르고 약해져서 움직이지 못하는 증상이 발생한다.

비는 입으로 구멍을 내어, 비위가 소화·흡수·운반하는 기능과 식욕·입맛의 관계를 반영한다. 비위가 소화·흡수·운반을 잘 하면 식욕이 왕성하고 입맛이 정상이다. 그러므로 『영추 맥도』에서 '비기는 입으로 통하므로, 비가 조화로우면 입으로 음식물을 구별할 수 있다'고 했다.

## ④ 폐肺

### 가. 위치와 형태

폐의 위치에 대하여 『영추 구침론九鍼論』에서는 '폐는 오장육부의 덮개다' 라고 했고, 『천금요방 폐장병맥론肺臟病脈論』에서도 똑같은 소리를 해서, 폐가 인체의 장기 중에서 가장 높은 곳에 있다고 했다. 또한 『난경 32번 문제』에서 '심과 폐는 횡격막 위에 있다' 고 하여 폐가 가슴속에 있음을 설명했다.

폐의 형태에 대하여 『의관 내경십이관內經十二貫 형경도설形景圖說』에서 '목구멍 아래에 폐가 있고, 두 잎은 희고 맑아 덮개가 되어 모든 장臟을 덮는다. 비어있으면서 벌집처럼 생겼고 아래로 뚫린 구멍은 없어서, 숨을 들이마시면 가득 차고 내뱉으면 비게 된다' 고 하여 폐의 형태가 나뉜 잎사귀 모양이며, 질이 벌집처럼 성근 장기로 설명했다.

### 나. 기능

• 기氣를 주관함

폐가 기氣를 주관한다는 것에는 두 가지 뜻이 있다. 하나는 호흡기능을 말하고, 다른 하나는 진기眞氣를 지배하는 것을 말한다. 『소문 음양응상대론』에서 '하늘 기운은 폐로 통한다' 고 하여 폐는 몸 안팎의 기가 교환되는 장소이며, 폐의 호흡운동으로 밖의 맑은 기는 들이마시고 안의 더러운 기는 내뱉어서, 인체의 생명활동이 유지된다. 폐의 호흡기능은 '흩뿌리는 작용' 과 '정화 하강 작용' 에 의존하며, 흩뿌리는 작용과 정화 하강 작용이 정상이면 호흡이 원활하게된다. 또한 『소문 오장생성론』에서 '기는 모두 폐에 속한다' 고 하여 온몸의 기를 주관한다고 했다. 폐에 이상이 있으면 보통 기침, 천식, 호흡이 순조롭지 못한 증상이 나타나는데, 이는 폐가 호흡을 주관함을 설명한 것이다. 한편 '진기眞氣' 라고 하는 것은 사람의 근본이 되는 기인데, 폐가 들이마신 공기는 진기를 형성하는 주요성분이 된다. 『영추 자절진사론刺節眞邪論』에서는 '진기는 태어날 때 부여받은 것元氣과 음식물을 먹어서 생긴 것穀氣이 합해져서 온몸을 채운다' 고 했다. 이것은 진기가, 폐가 들이마신 공기와 비가 흡수한 곡기에서 왔다는 것이다. 그러므로 진기의 생성과 수송은 폐 기능과 뗄 수 없다. 따라서 임상에서 피로, 호흡량 감소, 땀나는 증상 등의 기허증氣虛證은 폐허肺虛 때문이다.

• 재상 직책 (국무총리)

『소문 영란비전론』에서 '폐는 재상宰相 직책이며 치절治節을 낸다' 고 했고, 『소문 경맥별론』에서는 '폐는 모든 맥을 살핀다' 고 했다. 이 말은 폐가 심을 도와서 혈액순환을 조절하고, 또 기혈을 순조롭게 하여 오장을 협조한다는 것을 설명하는 것이다. 심은 혈액을 주관하고 폐는 기를 주관하나, 이들은 상호 협동해야 각자의 기능을 발휘할 수 있다. 따라서 각종의 혈증血證을 치료할 때에는 심을 다스리고 혈액을 다스릴 뿐만 아니라 기를 보하고 폐를 보하는 약물을 함께 써야 한다. 예를 들어, 대량 출혈의 경우에, 피 멎게 하는 약을 쓰지 않고, 인삼을 재빨리 써서 기를 보하는 경우가 있다.

• 물길을 조절함

인체의 수분대사를 조절하는 기관으로는 비, 폐, 신, 삼초, 방광 등이 있다. 이 중 폐의 수분조절작용을 가리켜 '물길을 통하게 하고 조절한다' 고 한다. 물길을 조절하는 기능은, 흩뿌리는 작용과 정화 하강 작용이 함께 연결되어 이루어진다. 흩뿌리는 작용은 수분을 온몸에 흩뿌리는 것인데 피부에 이르면 땀구멍을 통하여 배출된다. 정화 하강 작용은 수분을 방광으로 내려 보내는 것이다. 그러므로 '폐는 위쪽 수원水源이다', '폐는 수분의 흐름을 주관한다' 등의 학설이 있게 되었다. 폐가 흩뿌리는 작용과 정화 하강 작용을 잃어버리면, 물길을 조절하는 기능에 영향을 주어 대소변이 잘 나오지 않고, 부종이나 담음이 생기는 증상이 나타난다.

### 다. 피부를 주관함

피모皮毛는 몸 겉으로서, 피부와 가는 털 등의 조직을 포괄하며, 땀을 분비하고 피부를 윤택하게 하며 외사를 방어하는 기능을 가지고 있다. 피부의 이런 기능은 위기衛氣의 작용이다. 몸 겉에는 양기가 분포되어 있어서 기온의 변화에 따라 체온을 조절한다. 그러므로 『영추 본장』에서 '위기는 살을 따뜻하게 하고 피부를 충실하게 하며 주리腠理(피부나 근육의 조직)를 튼튼하게 하고 (땀구멍을) 열고 닫는 작용을 주관한다'고 했다. 임상에서 보아도 폐가 허하면 양기도 허해져서 피부의 적응기능이 좋지 않아 감기에 걸리기 쉬우며, 심하면 헛땀(자한)이나 식은땀(도한)이 난다.

피부는 폐와 밀접한 관계를 가지고 있으므로 『소문 오장생성론』에서는 '폐는 피부와 합하고, 그 빛은 가는 털에 나타난다'고 했다.

### 라. 코로 기氣가 출입함

폐는 호흡을 주관하는데 코는 호흡이 출입하는 문이다. 때문에 폐에 이상이 있으면 후각에 영향을 미친다. 그러므로 『영추 맥도』에서는 '폐기는 코로 통하는데 폐가 조화로우면 코로 냄새를 맡을 수 있다'고 했다. 따라서 폐에 풍한風寒이 침입했을 때는 코가 막히거나 콧물이 나와 냄새를 모르게 된다. 만일 폐열肺熱이 심하면 정기가 사기를 배설시키지 못하여 기침, 천식이 생기고 호흡이 빨라진다.

## ⑤ 신腎

### 가. 위치와 형태

『소문 맥요정미론』에서 '허리는 신腎을 담고 있다'고 하여 신이 허리에 있다고 했고, 『의관 내경십이관 형경도설』에서는 '신은 두 개가 있다… 14번 등뼈 아래에서 양옆으로 각각 1.5촌 되는 곳에 있다'고 했다. 신의 형태에 대하여 『난경 42번 문제』에서는 '신은 두개인데, 무게가 한 근 한 냥이다'라고 했으며, 『의관 내경십이관 형경도설』에서는 '모양은 붉은팥 같고 서로 마주 보고 있으며, 꼬부장하게 등심에 붙어 있다. 겉은 기름덩어리로 덮여 있고, 속은 희고 겉은 검다. 각각 두 줄이 나 있는데, 위로 가는 줄은 심포에 이어지고 아래로 가는 줄은 병외혈屛外穴을 지나 등뼈를 따라간다'고 했는데, 이는 현대의학에서 말하는 신장kidney에 해당한다.

### 나. 기능

신은 장부학설 중에서 하나의 중요한 기관으로, 옛날 사람들이 말하기를 '신은 명문과 이어져 있는데, 안으로 진음眞陰과 진양眞陽을 담고 있어서 몸의 근본이 되고 삼초三焦의 근원이 된다'고 했으므로, 이를 가리켜 '선천의 근본' 또는 '성명性命의 근본'이라고도 한다. 그러나 한의학에서 보는 중요한 기능은 정精을 저장하고, 수분과 뼈를 주관하며, 골수를 만들고, 귀로 구멍을 열고, 대·소변을 다스리며, 그 빛이 머리카락에 나타나는 것이다. 그러므로 신腎 기능에 이상이 생기면 생식과 발육에 이상이 나타나고 수분대사가 장애되며, 뼈를 주관하는 기능과 생식 기능이 조화를 잃으면 이 때문에 허리가 나른해지고 뼈의 발육이 이상하게 되며, 혹은 호흡과 청력, 머리카락에 이상이 나타나기도 한다.

### 다. 명문命門

명문命門이라는 말은 『내경』에서 최초로 보이는데, 『영추 근결편根結篇』, 『영추 위기편』에 '명문은 눈이다' 라고 한 바와 같이 여기서는 눈을 가리킨다. 『난경』에서, 오른쪽 신을 명문이라고 했고, 명문이 모든 신정腎精이 저장된 곳이며, 명문에 남자는 정을 저장하고 여자는 자궁이 매어있다고 한 이후, 후세의 의가들이 중시하게 되어 명문의 위치와 생리기능에 대하여 여러 가지 견해가 등장했다. 이렇듯 명문에 대한 인식은 매우 다양하지만, 대체적으로 다음의 네 가지 학설로 요약된다.

• 왼쪽은 신, 오른쪽은 명문이라는 학설

『내경』에서 신에 대해 말하긴 했지만 신을 좌·우로 구분하지는 않았다. 또한 『영추』에 보면 명문이라는 말이 있기는 하지만 이는 눈을 가리키는 것일 뿐이다. 그러다가 『난경 36번 문제』에 이르러서야 비로소 '왼쪽은 신이고 오른쪽은 명문인데, 명문은 정신이 깃드는 곳이다'라고 함으로써 명문에 대한 학설이 나타나게 되었는데, 여기에서 명문이라고 하는 것은 오른쪽 신을 가리킨다.

• 두 신 모두 명문이라는 학설

명나라 때 우단이 말하기를 '아, 두 개의 신은 진기(원기)의 근본이고 성명性命이 관關하는 것이다. 비록 오행 중 수水에 해당하는 장이지만, 실제로는 상화相火가 그 속에 들어 있다. 멍청한 내 생각으로는, 두 신을 모두 명문이라고 봐야 옳겠다'고 했는데, 이는 오른쪽 신만 명문이라고 한 옛 사람의 학설을 부정한 것으로서, 그는 두 신을 모두 명문이라고 봤다.

• 명문이 두 신 사이에 있다는 학설

이 학설은 명나라 때 명문학설의 주류를 이루는 것으로서, 장경악은 '신이 두개인 까닭은 감괘坎卦(8괘 중 하나)의 음효陰爻가 두개인 것과 같고, 명문은 감괘 가운데에 양효陽爻가 하나 있는 것과 같다'고 했는데 그는 두 신 사이를 명문으로 본 것이다. 또한 조헌가 역시 명문은 두 신 사이에 있다고 보았으며, 그 위치를 더욱 구체적으로 설명하기를 '명문은 두 신에서 각각 1.5촌 떨어진 데에 있으니, 곧 몸의 한가운데(등줄기)에 해당한다' 고 했다.


• 명문은 두 신 사이에서 일어나는 기운이라는 학설

이 학설은 명나라 때 손일규가 『의지서여醫旨緒餘 명문도설命
門圖說』에서 '명문은 곧 두 신 사이에서 일어나는 기운인데,
수水도 아니고 화火도 아니다. 조화의 핵심이며 음양의 근
본이니 곧 선천의 태극이다. 오행이 여기서 나오고, 장부
는 명문을 이어받아 생기게 된다. 만약 수水나 화火에 속하
고, 장이나 부에 속한다고 한다면, 형체와 질이 있는 것이
되니, 그렇다면 바깥에 마땅히 경락과 동맥이 있어서 진찰
로 형체를 살필 수 있을 것이다' 라고 하여, 명문의 위치는
두 신 사이이고, 형체와 질이 있는 장기가 아니므로 두 신
사이에서 일어나는 기운이라고 했으며, 명문의 기능은 조
화의 핵심이며 음양의 근본이라고 했다.

이와 같이 명문의 기능에 대한 인식이 여러 의가마다 다양
하지만 한 가지 공통된 점은, 명문을 생명의 중심으로 보
았다는 것이다. 이에 관하여는 조헌가의 말이 그 뜻을 좀
더 상세히 밝히고 있으므로, 여기에 소개하니 참고하기 바
란다.


"명문이 12경의 주인이다. 신은 이것이 없으면 작강作强을
할 수 없어서 기교技巧가 나오지 않는다. 방광은 이것이 없

으면 삼초가 기화를 하지 못해 물길이 시원스레 흐르지 않게 된다. 비위가 이것이 없으면 음식물을 소화시키지 못해 영양분이 나오지 않는다. 간담이 이것이 없으면 장군이 결단을 내릴 수 없어서 계획이 나오지 않는다. 대·소장이 이것이 없으면 (음식물을 똥·오줌으로) 변화시키지 못해 대·소변이 나오지 않는다. 심이 이것이 없으면 정신이 흐려져서 일마다 반응할 수가 없다. 그러면 임금이 밝지 못하니 모든 직책이 위태롭게 된다. 비유하자면, 밤에 주마등도 없이 큰 산에 가는 것과 같다. 절하는 것[拜]과 춤추는 것[舞]은 하나라도 갖추지 않은 것이 없다. 그 중에 오직 하나가 있는데, 불이다. 불이 왕성하면 움직임이 빠르고, 불이 쇠퇴하면 움직임이 느리며, 불이 꺼지면 움직이지 않는다. 그래서 배·오·비·주拜·午·飛·走는 몸에 늘 있는 것이다." (『의관 내경십이관론』)

근래의 명문에 대한 인식은 학설 간에 논쟁이 많지만 임상에서는 신양腎陽의 작용을 명문으로 인식하고 있는 경향이 많은 것 같다. 이는 곧 인체 열에너지가 시작하는 곳으로서 원양元陽 또는 진화眞火라고 부르기도 하며, 신에 저장된 선천의 정이나 후천의 정을 막론하고 모두가 일정한 온도, 즉 명문에서 시작하는 열에너지를 통해서 얻을 수 있는 것이다. 또한 현대 과학적 의미로는 명문을 교감신경절이라고 보는 사람도 있고, 신음과 신양의 관계가 교감신경과 부교감신경 간의 상호 영향·통제의 관계와 비슷하다고 보는 사람도 있다. 또한 신양이 허한 환자 가운데는 부신 피질 호르몬을 써서 치료가 되는 경우도 있는 것으로 보아, 신양이 허하다는 것은 뇌하수체-부신피질 계통이 잘 흥분하지 않는 것이라고 추측하는 사람도 있다. 이상과 같이 명문에 대한 현대적 접근이 여러 각도에서 시도되고 있으며 앞으로 많은 연구가 진행되어야 한다고 생각한다.

## (2) 육부六腑

### ① 담膽

담은 간에 딸려 있고 간과 서로 이어져 있으면서 음식물의 소화를 촉진시키고 정신활동에서는 결단을 주관하는 작용을 함으로써, 간을 도와 그 기능을 완전하게 하기 때문에 한의학에서는 간과 담은 표리관계에 있다고 한다.

장경악은 '담은 중정中正 직책(대법관)이며 맑은 즙을 저장하고 있어서, 중심을 지키는 깨끗한 부라고 한다' 고 했고, 『난경』에서는 '간의 남은 기운이 담으로 들어가 모여서 맑은 즙이 된다' 고 했는데, 여기에서 말하는 맑은 즙이란 곧 담즙을 가리키는 것이다. 담은 비록 육부의 하나이긴 하지만 바깥과 직접 닿는 것도 아니고, 음식물이나 음식물 삭혀진 것을 받아들이는 것도 아니며, 단지 담즙을 저장했다가 내보내는 기능만 하기 때문에, 이를 가리켜 '이상한 부'라고 한다. 그런데 만약 담즙 배설이 조화롭지 못한 경우에는 소화에 영양을 미치거나 황달 현상을 일으키게 되고, 담즙은 본래 쓴 맛에 누런색이므로, 담이 병들면 담화가 치밀어 올라 입이 쓰고 쓴물을 토하며, 담즙이 밖으로 흘러넘쳐서 얼굴과 눈, 온몸에 누런색이 보이는 증상이 나타나게 된다. 또한 담의 병리상 특징은 열이 발생하기가 매우 쉽고, 이에 따라서 입이 쓰고, 목구멍이 마르고, 어지러우며, 옆구리가 아픈 증상이 많이 나타나는데, 이는 족소양담경의 순행과 관계가 있는 것이기도 하다.

『소문 육절장상론』에서는 '담은 대법관이니 결단을 내린다', '11개 장부가 모두 담의 결재를 받는다'고 했는데, 여기에서 말하는 담은 사물을 판단하고 결단을 내리는 능력을 가진 정신의식을 가리키는 것으로서, 이런 결단기능은 정신에 자극을 주는 불량한 요소들을 방어하거나 제거하여 기혈의 정상적인 운행을 유지함으로써, 장기들 사이의 상호협동 관계를 보호하는 작용을 한다. 그러므로 담기가 호탕 씩씩하고 과단적인 사람은 정신에 미치는 자극이 격렬하다고 해도 그렇게 큰 영향을 받지 않으며 회복도 비교적 빠르지만, 담기가 허약한 사람은 이 때문에 병에 걸리는 일이 많다. 임상에서 볼 수 있는 이런 증상, 잘 놀라고 두려워하는 증상, 불면증, 꿈을 많이 꾸는 증상 등은 바로 담기가 허해서 나타나는 것임을 알 수 있는데, 이에 관하여 『소문 기병론』에서는 '이런 사람들은 여러 번 심사숙고해도 결단을 내리지 못하기 때문에, 담이

허해지고 담기가 위로 흘러넘쳐, 입이 쓰다'고 했다. 그러므로 이
런 종류의 환자는 담을 중심으로 치료해야 한다.

### ② 소장小腸

소장은 위로 위胃, 아래로 대장과 서로 이어져 있으면서 음식물
을 소화하고 진액을 퍼뜨리며 노폐물을 배설하는 등의 작용을 한
다. 『소문 영란비전론』에서는 '소장은 수성受盛 직책이며 소화된 음
식물을 낸다'고 하여, 소장의 주된 기능이 위에서 내려온 소화된
음식물을 받아서 그것을 다시 소화시키고 청탁으로 나누는 것임을
밝히고 있다. 그래서 음식물 중 영양분인 맑은 것[淸]은 소장으로
흡수된 후 비의 작용에 의하여 온몸 각 기관과 조직에 전해져 그곳
에서 나름대로 쓰이고, 더러운 것[濁]은 소화되고 남은 찌꺼기로서
난문闌門(소장과 대장의 경계)을 지나 대장으로 가는데, 그 중에서
도 수분은 소변으로 방광을 통해 배설되며, 고체 성분은 대변으로
항문을 통해 배설된다.

이상에서 살펴본 바와 같이 소장의 기능은 잘 통하게 하고 아래
로 가게 하는 것이 순리이므로, 치료에서도 소통시키는 것을 기본
으로 삼는다. 그래서 만약 실증實證에 속하는 한기(찬기운)가 맺혀
있는 상태, 열기가 맺혀있는 상태, 기가 맺혀있는 상태, 혈액이 맺
혀있는 상태, 음식물이 맺혀있는 상태, 기생충이 몰려있는 상태 등
에 의해 소장 기능이 조화를 잃으면 기 순환이 좋지 않게 되어, 배
에 여러 증상이 나타나게 되고 이를 병리적으로 '통하지 않으면 아

프게 된다'고 한다. 또한 허증虛證에 속할 경우에는 오랜 통증, 따스한 걸 좋아하고 만져주는 걸 좋아하는 상태, 가라앉고 느리면서 힘이 없는 맥 등의 증상으로 나타나게 된다. 그리고 소장의 화물化物 기능이 조화를 잃으면 음식물의 소화 흡수가 장애를 받아 창만증, 설사 등의 증상이 나타나고, 청탁을 나누는 기능이 조화를 잃으면 소화 흡수 기능에 영향을 미치는 것은 물론이고 소변 이상도 나타나게 된다. 즉 소장에 화火가 있거나, 수소음심경의 열이 소장으로 번진 경우에는 소변이 붉고 양이 적은 증상, 오줌이 시원스레 나오지 않으면서 아픈 증상 등이 나타나게 된다.


### ③ 위胃

위는 횡격막 아래에 있으면서 위로는 식도와 만나고 아래로는 소장과 통하는데, 위의 위쪽 구멍을 분문噴門 또는 상완上脘이라고 하며, 아래쪽 구멍을 유문幽門 또는 하완下脘이라고 한다. 그리고 상완과 하완의 사이를 중완이라고 하며 상중하 삼완을 통틀어서 위완이라고 한다. 위의 주요한 기능은 음식물을 받아들여 소화시키는 것이며, 위기胃氣는 하강을 주로 하며 습한 것을 좋아하고 건조한 것을 싫어하는 특성을 가지고 있다.

입으로 들어온 음식물은 식도를 지나 위로 들어가기 때문에 위를 가리켜 '큰 창고' 또는 '음식물 바다'라고 한다. 여기에서 '바다'라고 한 것은 바다와 같이 받아들이기를 잘 한다는 말이다. 명대 장경악은 '위는 받아들이는 것을 맡는다'고 했는데, 이는 위가 음식물을 받아들이는 기관임을 설명한 것이다.

또한 위는 입으로 들어온 음식물을 받아서 소화시키는 작용을 한다. 이에 대해 『난경 31번 문제』에서 '중초中焦는 중완에 있으며 위나 아래로 치우쳐 있지 않고 음식물 소화를 주관한다' 고 했는데, 여기에서 말하는 '중초'란 곧 비위를 가리킨다. 위 속으로 들어온 음식물은 위기胃氣에 의해 잘 삭혀져 죽 같은 상태로 변한 다음 소장으로 보내지며, 그 가운데에서 영양분(아주 순수하고 아주 작은 물질)은 비의 소화 · 흡수 · 운반 기능을 통해서 온몸을 영양하게 된다. 그렇기 때문에 만약 위 기능이 없다고 하면 음식물 소화 작용이 일어나지 않게 되며 영양분이 비로 보내지는 것도 일어나지 않는다. 『소문 경맥별론』 중에서 '음식이 위에 들어가면 그 정기는 넘쳐서 위쪽의 비로 운반되고, 비기는…' 라고 한 것은 위가 가진 소화기능을 뭉뚱그려 설명한 것이다.

병리에서 만약 위가 음식물을 받아들이지 못할 경우에는 밥 먹기를 싫어하거나 밥 생각이 나지 않는 등의 증상이 나타나며, 위의 소화기능이 떨어질 경우에는 소화가 안 되면서 배가 아프고 체하는 등의 증상이 나타난다.


#### ④ 대장大腸

대장은 결장과 직장으로 되어 있는데 결장은 위로 난문, 아래로 직장에 이어지며 직장 아래는 항문이다. 대장 경맥은 폐에 이어져 있다. 대장은 음식물 찌꺼기를 나르는 작용을 한다. 즉 소장에서 온 소화된 음식물을 받아서 나머지 수분을 흡수하는 동시에 찌꺼기는 대변으로 배출하므로, 대장을 '전달하는 부' 라고도 한다. 또한 대장은 대부분의 수분을 흡수하므로 '대장은 진액을 주관한다' 고 한다.

대장 기능에 이상이 생기면 전달 기능이 조화를 잃어 변비, 설사, 복통, 뱃속에서 소리 나는 등의 증상이 나타나고, 수분의 재흡수가 이루어지지 않을 경우에도 역시 설사가 나온다. 변비는, 대장이 허하면 전달 기능이 무력해져서 허증 변비가 되고 대장에 실열實熱이 있으면 진액이 메말라 대장의 진액이 다해서 변이 굳게 되니, 허증 변비에는 촉촉하게 적시는 방법을 쓰고 실열 변비에는 세게 설사시키는 방법을 써야 한다. '대장은 항문을 맡는다' 고 하므로 대장에 열이 맺혀서 항문이 제 구실을 못하면 치질이 생긴다. 또, 대장이 풍을 맞거나 대장에 열이 맺히면 항문출혈이 발생할 수 있다. 습열이 대장에 쌓이고 맺히면 대장의 기 순환이 좋지 않아 복통이나 이급후중(아랫배가 당기면서 똥은 마려운데 잘 나오지 않고 뒤가 무지근한 증상)이 나타나고, 장의 기혈이 손상되면 피고름을 싸거나 항문이 뜨거운 등의 증상이 나타나며, 대장 습열에 의해서 장옹腸癰(장의 뭉침)이 나타나기도 한다. 대장 이상 때문에 기침, 천식이 발생하기도 하며, 또한 여기에는 허실虛實의 구분이 있다. 기 순환이 좋지 않은 것과 목구멍에 이물질이 있는 것 같은 느낌은 공통적으로 나타나는 증상이고, 실한 경우에는 가슴과 배의 창만증, 기침하면서 얼굴이 붉어지는 증상, 발열發熱 등의 증상이 나타나지만, 허한 경우에는 이런 증상들이 나타나지 않는 것이 서로 다르다. 대장 경맥과 관계있는 증상으로는 치통, 목이 붓는 증상, 눈 흰자위가 노래지는 증상, 입이 마르는 증상 등이 있다.

### ⑤ 방광膀胱

방광은 아랫배에 있으며 신에서 내려온 수분을 받아 증발시키고 소변을 저장하거나 배설하는 작용을 한다. 방광은 수분대사를 맡은 기관 중 하나로서, 이에 관하여 『소문 영란비전론』에서는 '방광은… 진액을 저장하고, 기화氣化를 통해 오줌을 내보낸다' 고 했는데, 여기서 기화氣化는 방광 안에 있는 태양 기운을 가리킨다.

방광은 신과 표리관계를 이루고 있어서, 신에 원양元陽이 있는 것처럼 방광에도 양기가 있다. 방광안의 수분은 기화작용을 거쳐서 맑은 것은 위로 증발시켜 기가 되거나 몸 겉으로 보내져서 땀이 되며, 더러운 것은 아래로 흘러 오줌이 되는데, 이런 진액기화작용은 신양腎陽이 주관하는 것이지만, 동시에 방광 기능이기도 하다. 그러므로 이른바 '방광은 진액을 기화시킨다' 는 학설이 있게 된 것이다. 그러므로 만약 방광 기화작용이 조화를 잃으면 소변이 시원스레 나오지 않거나 융 폐증이 나타나고, 저장작용이 조화를 잃으면 오줌을 많이 누거나 오줌이 새는 등의 증상이 나타난다.

## ⑥ 삼초三焦

### 가. 개념

삼초는 상초, 중초, 하초를 함께 이르는 말이며, 장상학설에서 육부 중 하나다. 지금까지 삼초에 대해서 여러 관점과 논쟁이 있었으나 크게 다음과 같이 세 가지로 요약할 수 있다.

• 인체 부위部位

이 개념에 따르면 인체와 체내 장기를 상초, 중초, 하초, 세 부분으로 나눈다. 즉 상초는 가슴과 머리, 심폐를 포괄하고, 중초는 윗배와 비위를 포괄하며, 하초는 아랫배와 성기, 간신을 포괄한다.

• 진액津液 통로

『소문 영란비전론』에서 '삼초는 결독決瀆 직책이며 물길을 낸다'고 하여, 삼초의 기능이 주로 진액을 기화시키는 것과 물길을 잘 통하게 하는 것임을 설명했다. 그리고 폐·비·신·위·대장·소장·방광 등의 내장은 인체 수분대사를 조절하는데, 이를 총칭하여 '삼초기화'라고 한다. 삼초 각각의 기능을 살펴보면 다음과 같다.

『영추 결기편決氣篇』에서 '상초는 열고 펴니, 영양분을 흩뿌려서 피부를 따뜻하게 하고 몸을 충실하게 하며 머리카락을 윤택하게 한다. 마치 안개나 이슬이 적시는 것과 같은

데, 이것은 기를 말하는 것이다' 라고 했다. 여기서 상초가 안개와 같다는 것은, 폐가 위기와 진액을 흩뿌리는 것을 말한다.

『영추 영위생회편營衛生會篇』에서 '중초는 위胃와 함께 있는데, 상초 뒤에 나온다. 중초가 기운을 받는다는 건, 소화된 음식물을 청탁으로 나누고 진액을 증발시키며 영양분을 변화시켜, 위의 폐맥肺脈으로 보낸 다음 혈액을 만들어 온몸을 영양하는데, 이보다 귀한 것이 없다. 그러므로 홀로 경맥 속을 운행하는 것을 영기라고 한다' 고 했다. 여기서 중초가 거품과 같다는 것은, 비위가 영양분을 소화·흡수·운반하여 기혈을 만드는 근원이 됨을 가리킨다.

『영추 영위생회편』에서 '하초는 대장을 별別하고 수분을 방광으로 보내 스며들게 한다. 그러므로 음식물은 항상 위에서 소화되고, 그 찌꺼기는 대장으로 보내지며, 수분은 청탁으로 나누는 과정을 거친 후 하초를 따라 방광에 스며든다' 고 했다. 여기서 하초가 도랑과 같다는 것은, 소장이 액(진액 중에서 액)을 주관하고, 대장이 진을 주관하며, 신과 방광이 수분을 조절하고 오줌을 배설시키는 기화 기능을 모두 가리킨다.

• 변증 개념

뒤에서 설명할 삼초변증은 외감外感 열병의 증후를 구별하는 방법의 하나로, 위에서 말한 삼초의 부위와 기능을 결합하여 외감 열병에 응용한 것이다. 즉 상초병은 외사가 폐를 침범하고 사기가 위분衛分에 있으며 외사가 심포에 거꾸로 전해지는 등의 증후를 포괄하고, 대개 외감열병 초기에 속한다. 중초병은 열이 위와 장에 맺힌 것과 비위 습열 등의 증후를 포괄하고, 대개 외감열병 중기에 속한다. 하초병은 사기가 깊이 들어가고 신음腎陰이 소모되며 간혈 부족, 음허 때문에 풍증이 나타나는 것 등의 증후를 포괄하며, 외감열병 말기에 속한다. 이와 같이 삼초변증의 삼초 개념은 병의 위치를 판단하고 병의 기전을 구분하는 데 기준이 된다.

## 나. 형태

상초는 안개와 같고 중초는 거품과 같으며 하초는 도랑과 같다. 상초는 주로 양기를 내서 피부와 살 사이를 따뜻하게 하는데 안개나 이슬이 적시는 것과 같으므로 상초를 안개 같다고 한다.

중초는 음식물을 영양분으로 변화시켜 위로 폐에 보내 혈액이 되게 한다. 그리고 혈액을 경맥 속으로 돌게 하여 오장과 온몸을 영양하게 한다. 그러므로 중초를 거품 같다고 한다.

하초는 소변과 대변을 때맞추어 잘 나가게만 하고 들어오지는 못하게 한다. 그리고 막힌 것을 열어서 잘 통하게 한다. 그러므로 하초를 도랑 같다고 한다.

삼초란 몸속을 가리켜 하는 말인데 위와 장까지 포함하여 맡아보는 기관이다. 가슴과 횡격막 위를 상초라 하고, 횡격막 아래와 배꼽 위를 중초라 하며, 배꼽 아래를 하초라고 하는데, 이것을 삼초라고 한다.

### 다. 위치

상초는 명치 아래에 있는데 횡격막 아래와 위胃의 위쪽 구멍 사이에 있다. 이것은 받아들이기만 하고 내보내지는 않는다. 치료하는 혈은 단중혈인데 옥당혈에서 1.6촌 아래로 내려가 있다. 즉 양쪽 젖 사이의 오목한 곳이다. 중초는 중완 부위에서 올라가지도 내려가지도 않은 곳에 있는데 주로 음식물을 소화시킨다. 치료하는 혈은 천추혈(배꼽 옆)이다. 하초는 배꼽 아래부터 방광 윗구멍 사이에 있는데 청탁을 가려내고 주로 내보내기만 하고 들어오지는 못하게 하면서 아래로 전달한다. 치료하는 혈은 석문혈(배꼽 아래 2촌)에 있다.

또한 머리에서 명치끝까지를 상초라고 하고, 명치끝에서 배꼽까지를 중초라고 하며, 배꼽에서 발까지를 하초라고도 한다.

삼초에 해당하는 부위는 기충氣衝인데 기충은 음양이 소통하는 길이다. 족양명에서 음식물이 소화되는데 여기에서 나오는 기를 삼초가 받아 십이경맥으로 보내서 위아래를 영양하며 잘 돌게 한다. 그러므로 기충이 삼초의 기를 돌게 하는 창

고라는 것을 알 수 있다. 상중하 삼초의 기는 하나가 되어 몸을 보호한다. 삼초는 완전한 부가 아니므로 형체는 없고 작용만 있다. 또한 상초는 안개와 같으므로 기라고 하고 하초는 흐르는 도랑과 같으므로 혈액이라고 하며 중초란 기와 혈액이 갈라지는 곳을 말한다. 심폐에 만일 상초가 없으면 어떻게 영혈과 위기를 주관할 수 있으며, 비위에 만일 중초가 없으면 어떻게 음식물을 소화시킬 수가 있고, 간신에 만일 하초가 없으면 어떻게 진액을 잘 나가게 할 수 있겠는가. 삼초는 형체가 없고 작용만 있는데 모든 기를 통솔한다. 즉 삼초는 음식물의 길이며 기를 생겨나게도 하고 없어지게도 한다.

### 라. 기능

상초는 위의 위쪽 구멍에서 나와 식도와 나란히 횡격막을 뚫고 올라가 가슴 속에서 퍼지고, 겨드랑이에서 태음 부분을 따라가다가 다시 양명으로 돌아와서, 위로 올라가 혀 밑에 이른다. 맥기는 항상 영營과 함께 양으로 25번 돌고 음으로 25번 도는데, 다 돌고 나서는 다시 수태음에 모인다. 이것을 위기衛氣라고 한다.

중초는 위의 가운데서부터 상초 뒤로 나오는데 음식물의 기를 받아들이고 찌꺼기는 내려 보낸다. 또 진액을 증발시키고 음식물을 영양분으로 바꿔서 폐肺맥으로 올려 보내 혈액이 되게 한다. 혈액을 온몸으로 전달하여 생명활동을 유지하는 데에 영기營氣가 가장 중요한 작용을 하는데, 영기는 경맥 속을 따라 돈다.

하초는 대장에서 갈라져 방광으로 뚫고 들어간다. 위에서 소화된 음식물 찌꺼기가 대장으로 내려가면 하초가 물기를 분리하여 방광으로 보낸다.

제2부

# 공법론
## 功法論

# 1. 고전古典 도인양생공

도인 양생은 인류의 시작과 함께 하였을 것이라고 추측할 수 있다. 왜냐하면 동서고금을 통한 인류의 최대 관심사는 단연 건강이기 때문이다. 동양의 최고 고전의서인 『황제 내경黃帝內經』에는 고대 추운지방에서 질병을 치료하기 위하여 춤을 추었다는 기록이 보이는데 이는 움직임, 즉 도인導引을 통하여 치료한 것이다. 또한 중국 호남성 장사시에서 고대의 무덤을 발굴하는 과정에서 양생에 관한 많은 자료가 발견되었는데 이 무덤은 당나라 말기 오대 십국五代十國 시기 초나라 왕 마은馬殷과 그의 아들 마희범馬希范의 무덤이라고 전해져 내려와 마왕퇴馬王堆라고 한다. 마왕퇴에서 발견된 자료 중에는 당시의 정형화된 도인법의 그림이 있다. 이처럼 인간은 그들의 건강을 위하여 역사를 따라 꾸준하게 도인법을 발전시켜왔음을 이를 통해 알 수 있다. 도인법의 정형화된 공법功法을 도인 양생공이라고 한다. 고대로부터 전해지는 도인양생공법은 수 없이 많이 있지만 그 중에 현대에도 그 수련이 끊이지 않으며 그 효과가 현대의학적인 측면에서도 입증된 고대의 4대 공법을 소개한다.

## 1) 팔단금八段錦

팔단금의 시작은 실로 2천년이 넘게 인간과 함께한 유명한 도인양생공이다. 팔단八段이란 여덟 마디, 여덟 가지란 뜻이고, 금錦은 여러 빛깔 실로 짠 비단으로 매우 아름답고 귀함을 말한다. 팔단금八段錦이란 여러 빛깔 실로 짠 비단처럼 아름다운 여덟 가지 움직임이다. 팔단금은 발단근拔斷筋이라고도 하는데 뽑아 잡아늘이고[拔] 끊어[斷] 정定한다는 뜻으로 온 몸 힘줄을 당기거나 늘려 역근易筋하고 뼈를 바로 잡는 환골換骨하는 공법이다. 팔단금은 그 종류만도 수 십 가지가 넘는다. 퇴계退溪 선생님의 활인심방에 나오는 유명한 도인법導引法은 좌식坐式 팔단금 공법의 하나로 나이가 많은 계층이나 움직임이 적은 선비들이 건강을 위하여 실내에서 앉아서 하기에 좋은 공법이다. 팔단금의 공법에서 현대의 스트레칭이 유래되었다고 할 정도로 그 공법이 현대에도 뛰어나다.


## 2) 역근경易筋經

역근경은 불교를 동북아에 정착하는데 많은 이바지를 하고 무술과 양생공 분야에도 적지 않은 영향을 준 달마대사가 중들의 건강을 위하여 창안하였다고 전해진다. 역근경은 근육筋肉을 바꾼다는 그 이름에도 나타나듯이 공법의 수련을 통하여 각 자세마다 긴장緊張과 이완弛緩을 반복함으로 근육의 강화에 매우 유익한 공법이다. 무술을 익히고자 할 때에 상지와 하지의 근골筋骨의 강화를 위한 기초 체력 단련에 매우 적합하여 역근경을 무술기공으로 분류하기도 한다.

### 3) 오금희五禽戱

오금희는 호랑이, 사슴, 곰, 원숭이, 학 등 다섯 동물의 동작 형태를 이용해서 건강에 이롭도록 만든 양생공으로 수 천 년 동안 사랑을 받아왔다. 호랑이는 폐肺를 좋게 하며, 폐는 백魄을 담고 있다. 위엄을 자랑하는 용맹스런 호랑이의 반짝이는 눈과 머리의 움직임, 흔드는 꼬리, 먹이를 잡아먹는 모습을 나타낸다. 이를 통하여 기백을 강화하여 폐를 튼튼하게 만드는데 유익하다. 곰은 목木에 해당하며, 간肝을 단련시킨다. 간에는 혼魂이 담겨져 있다. 우직하고 걸음이 무거운 곰의 모습을 따라 하면서 내장기관의 전체적인 기능을 향상시킨다. 사슴은 수水에 해당하며 신장腎臟을 튼튼하게 한다. 신장은 지志가 담겨져 있다. 평화로운 사슴의 모습을 모방하면서 몸을 가볍게 하여 고개를 들어 먼 곳을 바라본다. 목을 들기도 하고 몸을 구부리면서 신장의 기능을 강화시켜 관절을 부드럽게 한다. 새는 화火에 해당하며 심장心臟을 튼튼하게 한다. 심장에는 신神이 담겨져 있어서 예로부터 학의 자세는 정신精神을 강화하고 집중력을 향상시킨다고 하였다. 하늘을 높이 나는 새의 모습을 따라하면서 경락을 잘 흐르게 하고 혈기를 맑게 한다. 원숭이는 토土에 해당하며 비장脾臟을 좋게 한다. 비장에는 의意가 담겨져 있다. 움직이기를 좋아하는 원숭이의 모습을 따라해 보며 민첩하게 숨고, 높은 나무 위를 올라가고 과일을 따서 주는 공법을 수련하면, 몸을 가볍게 만들어 순발력을 길러준다.

## 4) 육자결六字訣

육자결六字訣은 들숨날숨으로 단련鍛鍊할 때, 여섯 글자 발음을 고요히 소리 내어[默讀] 몸을 도인導引하는 것과 맞추는 호흡수련을 위한 양생공이다. 호흡呼吸은 심장의 박동과 더불어 생명유지에 절대적인 모든 생물의 생명장치이다. 심장의 박동은 인간의 의지와는 관계없이 자율신경의 조정으로 생명이 있는 한 계속되는 것이지만 호흡은 자율신경의 조정도 받지만 인간 스스로가 조정할 수도 있다. 그래서 고대로부터 인간이 무병장수를 위해서 단전호흡 등의 호흡법을 개발하고, 동양의 체육인 요가, 태극권, 도인법 등에는 모두 호흡을 중요하게 여기고 있다. 육자결은 소리를 통하여 내는 파동이 내장기관과 공명共鳴하여 해당 장부臟腑의 기능을 활성화하고 강화하는 공법이다. 여섯 개의 내장과 공명하는 글자는 噓xū:肝, 呵kē:心, 呼hū:脾, 呬si:肺, 吹chuī:腎, 嘻xī:三焦이다. 육자결六字訣은 도홍경陶弘景이 쓴 『양성연명록養性延命錄』에 처음 보이고, 그 뒤 적지 않은 옛 기공氣功 책에 이와 비슷한 글이 쓰여 있다. 가장 깊이 있게 쓴 것은 송宋나라 때 추박암鄒樸庵이 쓴 『태상옥축육자기결太上玉軸六字氣訣』이다. 육자결六字訣은 원래 날숨을 위주로 하는 정공법靜功法인데, 명明나라 때 이르러 움직임과 맞추어 놓은 자료가 보인다. 이를테면, 고렴高濂이 쓴 『준생팔계遵生八牋』, 호문환胡文煥이 쓴 『유수요결類修要訣』에 나타나는데, 이를 거병연년육자법去病延年六字法이라 부르며, 입으로 내뱉고 코로 들이 쉴 때 그에 맞게 움직임을 맞춰 놓았다. 또한 안과眼科 책인 『심시요함審視瑤函』과 노채 책인 『홍로점설紅爐點雪』에서는 이를 다시 동공육자연수결動功六字延壽訣이라 불렀다. 퇴계退溪의 활인심방에 도 거병연년육자결去病延年六字訣이라는 이름으로 소개되어 있다.

## 2. 현대現代의 도인양생공

현대의 도인양생공은 고전의 양생공을 연구 발전시켜 현대의 인체 공학과 고전의 경락학과 연계하여 현대인에게 맞도록 편성 재편되 었다. 현대 양생공은 기공氣功이라는 이름으로 통일되어 지는 추세 에 있다. 현대의 기공은 크게, 태극권太極拳을 필두로 하는 무술기공 과 인도에서 고대로부터 내려오는 요가, 고대의 도인양생을 현대 에 맞게 재구성한 건신기공健身氣功, 그리고 신체의 각 부분별로 기능 을 강화하고 질병의 예방과 치료에 목적을 둔 도인양생공으로 크 게 분류할 수 있다. 이 책의 목적은 현대의 도인양생공의 학문화와 대표되는 공법의 수련법을 궁구하는 것이다. 양생도인공의 수련의 이론과 대표적인 공법의 수련법을 논하고자 한다.

## 1) 현대의 도인양생공

현대의 도인양생분야는 북경체육대학의 장광덕 교수가 주도하여 인체의 생리 해부학적 특성을 살려 여러 공법을 개발하여 보급에 앞장서고 있다. 각 공법 마다 인체 오장의 생리현상의 기능을 향상시키는 특징이 있고 많은 임상에서 효과가 있음이 입증되고 있다. 본서의 실질적인 공법 5 가지도 여기에 포함된다. 각 공법의 특성 및 수련 방법은 실제 수련편에 자세히 소개하기 때문에 이 자리에서는 생략하기로 한다.

## 2) 건신기공健身氣功

21세기초 국민들의 건강증진의 필요성에 따라 중국은 전통 기공법을 도입하였으며, 중국의 건신기공健身氣功협회는 전통적인 건신 양생공법을 발굴하고 오금희, 역근경, 육자결, 팔단금 등의 네 종류의 고전 기공법을 건신기공으로 개편하였다.

네 종류의 건신기공은 과학적 연구 방법에 따라 중의학, 현대의학, 심리학 및 체육학 등의 과학적인 이론을 바탕으로 검증을 하였는데, 이들은 각 공법 유파의 특징을 흡수하고 있으며 중국 민족의 전통문화를 계승하고 있다. 많은 전문가와 학자들의 지혜와 땀이 서린 건신기공은 매우 합리적이고 내용이 풍부하며 동작이 아름답다. 또한 배우기 쉬워 수련하기에 간단하고 효과가 확실하여 각광받고 있다.

### (1) 건신기공 오금희健身氣功 五禽戱

오금희五禽戱는 중국 동한東漢(BC 25~220년)의 명의名醫 화타가 호랑이虎, 사슴鹿, 곰熊, 원숭이猿, 새鳥의 특징을 고대 도인토납술 및 중의학中醫學, 장부, 경락, 기혈氣穴 이론과 결합하여 중국 전통의 양생공법의 특징을 갖고 있다.

건신기공 오금희는 고대 오금희의 전통을 계승하였다. 동작의 설계에서 형체미학과 현대의 인체운동학을 결합하였으며 과학이념과 시대적인 특징을 충분히 나타내었다. 또한 전통기공의 조신, 조식, 조심의 원칙을 적용시키고 사람들에게 알맞게 기공을 수련하도록 하였다.

오금희는 호랑이의 맹위를 모방하고 사슴의 안정성과 곰의 침착함, 원숭이의 기민함, 그리고 새의 가벼움을 표현 한다. 동작은 부드럽고 균형적이며 아름다워 신체 운동으로서 대부분의 사람들에게 유익하다.

과학적인 연구 결과로 건신기공 오금희는 수련자의 생리기능과 신체 및 심리적인 면에서 적극적인 영향을 준다. 또한 심혈관계와 호흡기능을 개선되고 관절의 민첩성이 높아지며, 체력과 악력을 높이고 자신감을 증강시킨다.

〈순서〉

① 호희虎戱 두 동작

② 녹희鹿戱 두 동작

③ 웅희熊戱 두 동작

④ 원희猿戱 두 동작

⑤ 조희鳥戱 두 동작

〈고대 오금희〉

## (2) 건신기공 역근경健身氣功 易筋經

역근경易筋經은 근골筋骨을 변화시킬 목적으로 중국 고대부터 전해 내려오는 일종의 건강증진법이다. 고증에 따르면 역근경易筋經은 중국 진秦(BC 221~206년)·한漢(BC 206~220년) 시기의 양생술養生術로써 중국 선종禪宗초 달마達摩에 의해 시작되어 소림사少林寺 승려들의 건강법으로 이용되었다.

또한 역근경은 당唐(BC  618~907년), 송宋(BC 960~1279년) 년간에 완성되었고 명대明代(BC 1368~1644년)에는 중국의 전통건신 운동의 중요한 위치를 차지하였다.

건신기공 역근경은 고대 역근경 12식을 계승하여 현대의 건신이론과 방법의 요구에 따라 간단하게 개편하였으며, 이는 몸과 마음을 건강하게 하는 건신의 특징을 잘 나타내고 있을 뿐만 아니라 매우 과학적이다. 역근경은 근육, 골격과 관절을 굴곡, 신장시키고 척주를 움직이며 척수의 제어와 조절능력을 증가시킨다. 동작은 자연스럽게 흐르고 강剛함과 유柔함이 공존하며 이러한 방식으로 특정한 부위를 의수意守하고 호흡을 고르게 한다. 이는 나이와 건강 상태에 따라서 신중히 실시한다. 과학적인 연구 결과로 수련자의 심혈관계, 호흡계와 소화계통의 기능을 향상시키며, 평형성을 높이고 근육의 힘을 개선하는 효과가 있다. 또한 수련자의 정서에도 적극적인 영향을 주고 성인병을 개선시키며 회복시키는 효과가 있다.

**〈순서〉**

① 위타헌저 제1세

② 위타헌저 제2세

③ 위타헌저 제3세

④ 적성환두세

⑤ 도예구우미세

⑥ 출조량시세

⑦ 구귀발마도세

⑧ 삼반락지세

⑨ 청룡탐조세

⑩ 와호박식세

⑪ 타궁세

⑫ 도미세

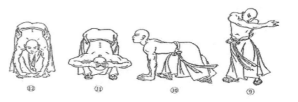

〈고대 역근경〉

## (3) 건신기공 육자결 健身氣功 六字訣

육자결六字訣은 "육자기결"이라고도 한다. 호흡을 주요수단으로 하는 전통 건신방법을 쓴다. 육자결의 역사는 중국 남북조南北朝(BC 420~581년) 시기로 거슬러 올라간다.

오랜 세월 전해온 고대의 육자결六字訣을 각대各代의 의사, 양생가들이 보충 개선하며 전해져 왔다. 건신기공 육자결六字訣은 고대 육자결의 기초와 현대 과학이론을 바탕으로 개편되었다. 과학적이고 합리적으로 육자결의 순서, 발음과 입모양에 대하여 규칙을 정하였는데 "쉬, 허, 후, 스, 취이, 시"가 그것이다.

육자결의 동작은 서로 통일될 뿐만 아니라, 독립적으로 각각 연습할 수도 있다. 내쉬는 숨과 함께 소리를 내며 동시에 간단한 도인導引 동작을 하는데 각각의 동작은 서로 보완해주는 작용이 있다.

과학적인 연구 결과로는 몸과 마음의 상태가 질적으로 혹은 양적으로 모두 좋아지고 생리적, 심리적 상태가 개선되며, 인간관계가 날로 좋아지고 그 밖으로는 수련자의 질병을 회복시키는 효과가 있다.


〈순서〉

(1) 간肝호흡법 : 발성법(쉬 ; xū )

(2) 심心호흡법 : 발성법(허 ; hē )

(3) 비脾호흡법 : 발성법(후 ; hū )

(4) 폐肺호흡법 : 발성법(스 ; sī )

(5) 신腎호흡법 : 발성법(취이 ; chuī )

(6) 삼초三焦호흡법 : 발성법(시 ; xī )


## (4) 건신기공 팔단금健身氣功 八段錦

팔단금八段錦은 중국 송대宋代(BC 960~1279년), 명대明代(BC 1368~1644년), 청대清代(BC 1644~1911년) 시기에 점차 발전하고 개선되었다. 역대 양생가와 수련자가 공동으로 전통 건신방법을 창안하였는데 팔단금八段錦은 동작이 간단하고 배우기 쉬워 건신健身의 효과가 탁월하다고 알려져 있으며 중국의 양생 문화의 보물로 국민들의 각광을 받고 있다.

팔단금八段錦이 고대 팔단금의 각 유파流波의 특징을 계승하고 고대 팔단금八段錦의 동작의 특징을 유지하며 현대 운동학과 생리학의 법칙에 따라 동작의 순서와 운동 강도를 과학적이고 합리적으로 구성하여 심신을 건강하게 하는 특징이 있고 표준화된 일렬의 규정과 안전성을 지니고 있다. 팔단금八段錦의 동작은 부드럽고 완만하며 원활하여 동작의 긴장과 이완, 정靜과 동動이 조화롭게 구성되어 있고 의념疑念과 호흡이 일체되어 강한 신체를 만들 수 있다.

과학적 연구의 결과로 팔단금八段錦을 수련하면 호흡계, 신경계 및 순환계통의 기능이 개선되고 세포 면역 기능과 신체의 저항능력, 심리적인 건강을 촉진하며 하체의 힘을 기르고 관절의 유연성과 평형성을 증강시킨다.

〈순서〉

제1식 양수탁천리삼초 兩手托天理三焦

제2식 좌우개궁사사조 左右開弓似射雕

제3식 조리비위비단권 調理脾胃臂單拳

제4식 오노칠상향후초 五勞七傷向後瞧

제5식 요두파미거심화 搖頭擺尾去心火

제6식 양수반족고신요 兩手攀足固腎腰

제7식 찬권노목증기력 攢拳怒目增氣力

제8식 배후칠전백병소 背後七顛百病消

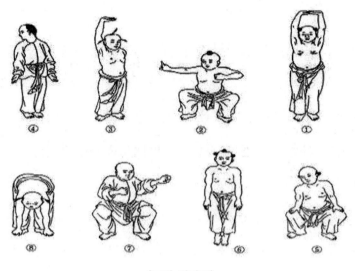

〈고대 팔단금〉

## 3. 수련론修煉論

### 1) 도인양생공의 중요한 작용

도인양생공은 질병의 예방과 치료 그리고 체력의 강화를 위한 적극적인 건강 양생공이다. 만성병환자들이 도인양생공 수련을 통하여 병세가 악화되는 것을 막고 병세가 호전되거나 완치되며 노동력을 회복한 것을 볼 수 있는데 이는 도인양생공이 질병의 치료에 효과적이라는 것을 말해 준다. 또한 신체 허약자나 노인성 질환을 앓는 환자도 도인양생공 단련을 한 후 몸이 좋아지고 건강해져 만년을 즐겁게 보내는 것을 볼 수 있다. 이는 도인양생공을 통해 병을 예방하고 체질을 증감시켜 장수할 수 있다는 것을 말해준다. 도인양생공 수련에는 인체의 기혈을 활발하게 하고 오장육부를 조절하여 원기를 증강시키며, 정신을 안정시키고, 경락을 소통시키며, 근육과 뼈를 튼튼히 하는 작용이 있다. 도인양생공 수련시간에는 주로 정신을 일정한 곳에 집중시키고 호흡을 조절하며 대뇌피질을 고요한 상태에 이르게 하고 내장기관을 움직이는 상태에 있게 한다. 고요한 상태에 있는 대뇌피질은 억제상태에서 충분한 휴식을 보장받게 된다. 그러므로 만성질병을 치료할 뿐만 아니라 정신 이상으로 일어난 질병도 예방과 치료가 가능하다.

도인양생공을 수련하면 나타나는 다음과 같은 중요한 작용이 있다.

- 도인양생공은 정기精氣를 돕고, 사기邪氣를 제거한다.
- 도인양생공은 정신의 긴장을 풀어준다.
- 도인양생공은 경락經絡의 소통을 원활하게 하며, 원기元氣를 증강시키고 기혈氣血을 조화시킨다.
- 도인양생공의 수련은 대뇌피질을 억제상태에 있게 하는 보호 작용을 한다.
- 도인양생공은 기초대사를 낮추고 에너지의 저장을 높인다.
- 도인양생공은 소화와 흡수를 돕는다.
- 도인양생공은 사람이 갖고 있는 잠재력을 충분히 발휘시켜 준다.

## 2) 수련의 원리

도인양생공 수련은 심신心身 수련법이다. 이를 성명쌍수性命雙修라고 한다. 성명性命이란 크게는 인성人性과 천명天命을 말하며, 수련의 작은 의미로는 육체와 마음을 함께, 즉 몸[1]을 수련하는 것이다. 인간은 소우주이므로 천지의 질서를 지키며 우주의 운행과 변화에 순응해야 한다. 따라서 생명활동의 원동력을 기르는 도인양생공 수련은 인체와 우주의 질서에 어긋나지 않아야 할 것이다.

### (1) 수승화강 水昇火降

인체의 기운은 신수腎水는 위로 올라가고 심화心火는 아래로 내려가는 것이 올바른 흐름이라는 말이다. 신수의 차가운 기운이 올라가서 머리를 맑게 하여 사고가 냉철해지고, 평안해 지는 것이며, 심화는 내려가서 내장의 소화흡수를 도우며 사지에 힘을 공급하여 생명활동이 원활하게 이루어지게 한다. 반대로 심화가 올라가면 상기되어 얼굴이 붉어지고 혈압이 상승하고 심성心性 또한 안정되지 못하고 조급해지고 포악해 지기도 하여 이를 기공수련에서는 주화입마走火入魔라 하여 경계한다. 수련에 욕심을 내거나 마음이 조급하거나 경쟁심이 과다하거나 몸에 무리를 하거나 하는 수련을 삼가야 할 것이다. 또한 신수가 올라가지 않고 내려가면 소화흡수

---

1) 몸이란 말은 육체를 의미하는 것이 아니고 사람의 살아있음을 전제로 한 것이며 죽었거나 사람이 아닌 동물에게는 몸이라는 말을 쓰지 않으며, 인간의 육체와 정신을 하나의 말로 나타내는 세계 유일의 언어이다. 몸학이 새로운 학문으로 부각되고 있다.

가 원만치 못하여 설사를 하는 등 건강치 못하여 바른 양생을 할 수 없다. 수련은 몸의 기운이 수승화강의 법칙에 따라 바르게 하도록 하는데 목적이 있다. 수련자는 항상 마음을 평안히 하고 선한 마음을 갖고 무리하게 하지 않아 몸의 기운의 흐름에 역행하지 않아야 할 것이다.

## (2) 정충精充, 기장氣壯, 신명神明

생명활동은 정·기·신에 의하여 발현되는 것으로 신神은 기氣의 전환轉換으로 생기며, 기氣는 정精을 기초로 하여 발생되므로 '정·기·신 삼자三者는 항상 수련하는 것이 마땅하다.' 라는 것을 정기신론에서 이미 살펴보았다. 따라서 정이 충만하면 기가 장해 지고 기가 장해 지면 신이 밝아지는 것이 정충, 기장, 신명이다. 수련을 양정養精, 양기養氣, 양신養神이라고도 부르는 이유도 이 때문이다. 수련을 통하여 정精이 충만해 져서 기가 장해지면 육신肉身의 건강을 이룰 수 있으며 기가 장해지면 신이 밝아져 혜식慧識이 총명하고 사리 판단이 정확해지며 창조적 혜안慧眼이 열리게 되어 흔히 '신난다.' '신바람 난다'고 하는 마음의 안녕과 자유를 얻어 심신이 평안과 건강에 이르게 되는 것이다.

## (3) 심기혈정心氣血精

마음[心]이 있는 곳에 기氣가 있고 기氣가 가는 곳에 피[血]가 따르고 피가 가는 곳에 정精, 곧 기운이 발생한다. 이 네 가지 중에서 심心과 기氣는 보이지 않고 혈血과 정精만 보이기 때문에 심기혈정의 상호관계를 알기가 쉽지 않다. 마음이 기를 낳는다心生氣는 말처럼 기는 마음으로 조절하는 것이므로 수련은 심공心功 수련과 병행해서 상호간에 조화를 이루어야 한다. 우리가 활동하기 위해서는 우선 자기의 신체를 마음먹은 대로 움직일 수 있어야 한다. 이와 같이 자신의 몸을 자신의 의지에 따라서 움직일 수 있는 것은 마음에 따라 기의 작용이 일어났기 때문이다. 기공을 수련한 사람은 자기 몸의 특정 부위를 차게도 덥게도 할 수 있고, 오장육부나 그 밖의 신체 기관과 조직에 마음먹은 대로 기를 보낼 수 있어 질병을 치료하고 예방하여 양생에 이룰 수 있는 것이다.

## 3) 수련의 요소要素

도인양생공은 생명활동의 근본과 원동력을 기르는 심신心身의 수련이다. 육체肉體와 마음을 함께 단련하는 심신일여心身一如, 성명쌍수性命雙修의 수련이므로 먼저 정精과 기氣가 조화되어야 하고 신체의 움직임, 즉 동작이 생명활동이 원활히 이루어지도록 막힘이 없고 미치지 못함이 없어야 한다. 마음 또한 육체의 움직임을 이끌어 나가며, 몸의 상태에 맞지 않는 욕심이 앞서거나 조급하지 않으며 몸에 집중해야 하며, 이러한 육체와 마음의 효과 있는 수련을 위해서는 반드시 호흡이 조화롭게 이루어져야 한다. 몸의 움직임에 따라 호呼, 흡吸이 되며 필요할 때에 그 길이가 길고 짧아야 하고, 동작의 특징에 따라 내쉼과 들숨의 경중을 달리해야 할 경우를 잘 헤아리며, 내쉼을 통하여 탁기가 완전히 배출되어야 하며 들숨을 통하여 필요한 천기天氣가 보충되며, 마음의 흔들림이 있을 때, 숨을 통하여 안정이 이루어지는 등, 육신肉身을 바르게 하는 '조신調身' 마음을 바르게 고르는 '조심調心' 숨을 바르게 쉬는 '조식調息' 이 세 가지를 기공수련의 삼조三調라 한다. 도인양생공의 특징은 이 세 가지가 서로 불가분의 관계로 각기 홀로 이루어지는 것이 아니고 어떤 유파의 어떤 공법을 수련하든지 기공 삼조는 같이 이루어지는 것이다. 호흡과 조화되지 않은 몸의 동작은 도인양생공이라 할 수 없으며, 의수意守 단전 등 의념意念이 없는 동작이나 호흡 또한 도인양생공이라 할 수 없는 것이다.

　수련은 육체의 움직임이 없는 정공靜功이라 할지라도 자세姿勢, 호흡呼吸, 의념意念의 세 가지의 조화調和가 없이는 수련의 효과를 얻을 수는 없다. 이제 기공 삼조인 조신調身, 조식調息, 조심調心에 대하여 살펴보기로 한다.

## (1) 조 신調身

조신調身은 신체를 자각적으로 조절하는 것을 말한다. 형[姿勢]이 바르지 않으면 기氣가 따르지 않고 기氣가 따르지 않으면 의意가 안정되지 않으며 의가 안정되지 않으면 기가 흩어진다. 그러므로 수련에서는 몸의 자세가 중요한 것이다.

　조신의 목적은 틀어진 몸의 형태를 바로잡고 올바른 몸놀림을 함으로서 기혈 소통을 원활하게 하여 건강을 증진하려는데 있고 다른 하나는 바른 자세를 취함으로서 조식과 조심에 유리한 상태를 조성하여 수련을 효과적으로 진행하려는데 있다. 몸의 움직임이 없는 정공수련에서는 자세를 중요시 하고, 몸의 움직임이 있는 동공에서는 자세姿勢와 함께 동작動作을 중요시 한다. 자세는 항상 바로 하여 인체의 기혈의 흐름이 원활하도록 하여 수련의 효과를 높이며, 머리끝에서 발끝까지 신체 각 부위의 근육과 관절의 긴장緊張을 완전히 이완弛緩시키도록 하며, 동시에 정신적 긴장도 풀어야 한다. 또한 균형의 유지로서 몸의 좌·우·전·후 어느 쪽으로도 기울어지지 않게 균형을 이루도록 하되 스스로 가장 편한 자세를 연구해서 수련해야 한다. 그리고 몸의 중심이 항상 단전丹田에 두고 바른 자세를 취해야 한다.

동작을 취함에 있어서도 좌우가 대칭對稱되도록 고르게 하여 신체의 균형을 유지하여 기혈의 소통이 잘되게 하며, 동작을 취하되 자기의 현재 몸의 상태를 살펴서 신체에 무리가 가지 않도록 하며 동작을 적당히 행하지 아니하고 무리하게 함으로서 근육이 뭉치는 등의 부작용이 발생하지 않도록 하여야 한다.

자세는 수련 중의 작용이 독특하다. 어떤 공법 중에는 자세만 정확하면 내기內氣가 강화되고 신체의 불균형이 교정되고 장부의 기능이 원활해지는 것이 있는데, 예로 오금희五禽戱의 원숭이 자세는 비위脾胃를 강화시키고, 사슴의 자세는 신장腎臟을 강화시키고, 곰의 자세는 간肝의 기를 이롭게 하며, 학鶴의 자세는 심장心臟과 정신精神을 강화시킨다. 이와 같이 자세만 바르게 취해도 내기內氣가 강화되고, 장부臟腑의 기능을 강화시킬 수 있는 것이 수련의 특징이다.

## (2) 조 식調息

인간이 그 생명을 유지하기 위하여 두 가지가 끊이지 않고 계속되어야 한다. 즉 심장이 멈추지 않고 박동博動해야 하며, 호흡呼吸이 계속되어야 한다. 심장의 박동은 자율신경自律神經의 작용을 받아 인간의 의지意志와 관계없이 생명이 있는 한 계속되는 것이지만, 호흡은 자율신경의 작용도 받지만 인간의 의지意志로 조절이 가능한 것이다. 따라서 인간은 그 의지에 의해서 호흡의 양과 질을 생명활동에 요구되는 최적의 상태로 수련할 수 있는 것이며, 도인導引의 참뜻이 양질良質의 호흡을 위한 몸의 움직임이라는 것을 통해서도 호흡의 중요성을 알 수 있는 것이다. 이 때문에 고대로부터 양생가들은 호흡에 특별한 관심을 가지고 양질의 호흡을 위하여 노력한 것을 알 수 있는데, 불경 중에서 『안반수의경安般守意經』은 그 전체가 호흡에 관한 석가釋迦의 가르침이며, 우리나라 조선 때의 정 북창鄭北窓 先生의 『용호비결龍虎秘訣』도 호흡의 비결을 기록한 것이며, 인도에서 발생한 기공인 요가도 그 호흡의 중요성을 강조하고 있다.

안반수의경에는 호흡의 작용, 즉 조식調息은 번뇌를 없애버리고 정신精神, 사유思惟, 의식意識을 안정시킨다고 하였다.

용호비결의 본문에 '今欲閉氣者 先修靜心, 疊足端坐(佛書所謂金剛坐也), 垂簾下視 眼對鼻白, 鼻對臍輪(工夫精神全在於此 當

是時來脊如車輪), 入息綿綿 出息微微, …' 라 하여 "폐기<sub>閉氣</sub>[2]를 하려면 먼저 마음을 고요하게 해야 할 것이니, 다리를 포개어 단아하게 앉아라(佛書에서는 이른바 금강좌라 한다). 그리고 눈썹은 발을 내리듯이 내리고 시선은 아래를 보아라. 육체적인 눈은 코의 흰빛과 상대하라(공부의 정신은 모두 여기에 있다.) 들어오는 숨은 면면<sub>綿綿</sub>[3]하게 하고, 나가는 숨은 미미<sub>微微</sub>[4]하게 하라."라고 하여 호흡 수련의 바른 길을 제시하였다.

중국의 명의 화타는 '호흡<sub>呼吸</sub>하여 이것을 이끌어 옛 것은 토<sub>吐</sub>하고 새 것은 들어오게 하면[吐古納新] 오래 산다.' 라고 하였다.

과거에는 토납법, 복기법, 단전호흡 등 호흡과 관련 있는 명칭이 기공을 대표하는 말로 사용되어 기공<sub>氣功</sub>에서의 호흡<sub>呼吸</sub>의 중요성을 알 수 있으며, 조식<sub>調息</sub>에는 효율적인 올바른 호흡법으로 대자연의 기<sub>氣</sub>를 충분히 받아들여 생명 활동의 근원적 에너지로 전환시키고, 또 호흡조절로 조심에 협조함으로서 연공을 효과적으로 진행하는 것의 두 가지 목적이 있다 하겠다.

호흡의 종류와 방법은 호흡은 의념을 가지고 하는 의념<sub>意念</sub>호흡

---

2) 폐기(閉氣) : 흔히 이의 뜻을 지식(止息)으로 오해하는 경우가 많은데 이의 참 뜻은 수련되어진 기(氣)가 세어나가지 않도록 단속을 하라는 것이다. 잦은 방사(房事)나 능력을 지나는 몸의 움직임, 말을 많이 하거나 불필요한 것을 보고 듣는 것도 축기(蓄氣)에 도움이 되지 않아 폐기(閉氣)를 강조한다

3) 면면(綿綿)하게 : 이는 도끼를 내려치듯이, 또는 떨어지는 유성(流星)같이, 실타래에서 실을 푸는 것 같이 멈춤이 없이 곧게 고르게 이어져야 하는 것을 말한다.

4) 미미(微微)하게 : 이는 특정한 형태를 갖는 것이 아니고, 마치 있는 듯 없는 듯, 숨이 나가는지 아닌지를 구분할 수 없게 내쉬는 것을 말한다.

과 의식을 수반하지 않은 자연自然호흡이 있으며, 호흡의 깊이에 따른 복식호흡과 흉식호흡이 있으며, 생리적으로 날숨과 들숨이 있으며, 의념을 하는 방법에 따라 단전호흡, 명문호흡 등이 있으며, 호흡의 방법에 따라 들숨에 횡격막을 팽창시키고 날숨에 반대로 하는 순順 호흡과 이와 반대로 하는 역逆 호흡, 들숨과 날숨, 날숨과 들숨 사이에 호흡을 잠시 멈추는 정폐停閉 호흡법이 있다. 호흡은 어느 것을 선택하여 하든지 몸의 상태와 수련의 공법에 맞는 것이어야 하며, 무조건 호흡이 길어야 효과가 큰 것이 아니고 절대로 무리하지 않으며 항상 평안한 상태가 유지되어야 한다.

## (3) 조 심調心

조심調心은 '의념意念'을 중심으로 해서 이루어진다. 조신調身과 조식調息, 즉 몸의 수련과 호흡의 수련은 모두 의식意識의 이끌림에 의해서 이루어지기 때문에 조심調心은 형태는 없지만 수련에서 몸의 자세와 호흡을 이끌어가는 기공 삼조三調의 우두머리라 할 수 있다. 수련의 원리에도 심기혈정心氣血精의 원리는 '마음이 기와 몸을 이끌어 간다.'고 하였다.

조심調心을 고대에서는 존상存想, 존념存念, 존신存神, 선관禪觀, 반관返觀, 지관止觀, 심제心齊, 정신내수精神內守 등으로 불리었다. 이것은 의식의 수련을 말한다. 즉 연공 중에는 자신의 사상, 정서, 의식의 활동을 서서히 정지시키고 잡념을 배제하여 입정入靜, 허무虛無 상태의 경지로 들어서게 하는 것이 요구되는 것이다.

태백진인太白眞人의 활인심법活人心法에서 백 가지 병이 발생하는 이유는 마음이 흐트러지고 동요함에 있다고 하였고, 『치심편』에

구선臞仙이 말하기를 마음이란 신명神明이 머무는 곳이니, 텅 비어 있으나 그 안에 신명이 들어있다. 사물에 따라서 마음이 흐트러지기도 하고, 놀라기도 하고, 방탕하기도 하고, 혹은 경계하기도 하며, 혹은 기뻐하고 노하고 혹은 생각에 잠기기도 하여, 하루에도 잠시도 가만 있지 않는다. 그러므로 신명이 마음속에 머물러 있지 않으면 몸이 상하게 된다. 항상 신명이 마음과 같이 되도록 하여 삼가 선한 일을 행하고, 만약에 욕심이 일어나면 이것을 다스려야 한다. 분노나 게으름이 일어나면 이것은 나의 적이라고 생각하여 없애도록 할 것이다. 무릇 일곱 가지 감정[七情]이나 여섯 가지 욕심[六慾]이 마음에 생기면 모두 가라앉혀서, 신명에 통하게 하면 밖으로 나오지 않게 된다. 이것이 하늘의 도이다. 마음은 마치 물과 같아서 쉬지 않게 하여 맑고 깨끗하게 하면 그 밑을 맑게 볼 수 있으니, 그것이 영명이라고 하는 것이다. 마땅히 고요히 하여 원기를 굳게 지니면 만 가지 병이 생기지 않는다. 그러므로 오래 살 수 있으나, 만약에 한 생각이 이미 움직이지 않고, 신령이 밖으로 달리고 안에서 피와 골수가 흩어지고, 기가 성하여 위장이 혼란하면 이것은 모두 마음으로부터 일어난 것이다. 그러므로 병이 생기지 않도록 하는 것은 마음을 다스리는 데서 있게 된다.' 라고 하였다.

그리하여 여러 가지 도인법을 행하되, 눈을 감고 반좌盤坐하여 고요히 마음을 가라앉히라고 하였다. 이와 같이 마음은 양생의 기본이며 마음을 선善하게 하고, 고요히 하고, 집중하여 조신調身과 조식調息의 수련이 원만한 결과를 이룰 수 있도록 마음의 다스림이 중요하다고 하겠다.

## 4) 수련의 단계

### (1) 첫째 단계 연정화기煉精化氣~정충精充 - 축기蓄氣단계

연정화기는 정을 단련하여 기로 변하게 하는 것이라고 문자적으로 정의할 수 있는데, 정은 크게 물질을 의미하는 신체를, 그리고 작게는 생식에 관련된 것을 의미한다. 주로 몸을 단련하여 몸의 각 부분의 틀어짐과 쏠림을 바르게 하여 신체의 활동기능이 강화되는 단계로서 정精이 충만하고, 심신에 음양·오행이 균형적으로 조화되어 질병에 대한 예방능력이 강화된다. 따라서 감기 등, 음양의 실조失調로 인한 질병에 걸리지 않고, 건강한 상태에 이른다. 한편 정精이 충만함으로 인하여 성性적인 유혹에 쉽게 빠질 수 있는데 이때에는 정을 과도하게 소비하지 말고, 더욱 열심히 수련하여 충만한 정을 생명의 에너지로 바꾸어 다음 단계의 수련이 임해야 할 것이다.

### (2) 둘째 단계 연기화신煉氣化神~기장氣壯 - 소주천小周天 단계

연기화신의 단계는 연정화기 단계에서 정의 기화로 생성된 기의 활동이 왕성해지고 강화되어, 수련으로 축기된 기氣:丹가 움직이는 단계이다. 연정화기의 단계에서 충만해진 기氣는 하단전을 빠져나와 회음會陰(항문과 성기 사이에 있는 경혈)을 지나 장강長强(꼬리뼈 부근의 경혈)을 통과하여 상체의 뒷부분의 중앙을 흐르는 독맥督脈을 타고 올라가 상체의 앞부분 중앙을 흐르는 임맥任脈을 타고 다시 하단전으로 돌아오는 소주천小周天의 경지에 이르게 된다. 이 단계에 이르면 몸의 생명활동이 극대화되어 질병에 대한 예방기능이 강화되고, 항상 자신감에 넘치고 정신상태도 늘 쾌활한 상태가 된다. 또 자신의 기로 타인을 치료할 수 있는 능력이 발휘된다. 이 단계에서 교만하지 말고 겸손하고 각고의 수련으로 이루어진 기운을 아껴, 음란한 곳에 사용하지 말고, 이웃을 위해 사용하며 계속 정진하여 수련하면 더 높은 단계에 오를 수 있다.

## (3) 셋째 단계 연신환허煉神還虛~신명神明 - 대주천大周天 단계

연신환허는 수련의 큰 결실을 맺는 단계로 선천先天:虛으로 돌아감[還]을 말한다. 동양에서 수련의 목적을 환단還丹이라고 하는 것은 이를 두고 이르는 말이다. 원래 선천지기先天之氣는 완전한 상태로 받았으나 태어나면서부터 자연에 순응하여 바르게 생활하지 못한 결과로 틀어지고 쏠려져서, 질병에 시달리는 등의 고통을 당하는 것이다. 그래서 동양의 수련은 그 목적을 돌아가는데 두는 것이다. 수련修鍊은 강하게 발달시키는 것이 최고의 목적이 아니고, 잘못되어진 것을 닦아내어修 돌이키는 것이 근본적인 목적이다. 이 단계가 되면 호흡이 태식胎息으로 환원되고 잠재된 능력이 발휘된다. 세상의 시비에 휘말리지 않게 되고 모든 욕심에서 벗어난 상태가 되어, 되돌아온 능력을 더욱 유익하고 큰 곳에 사용하여 기운이 탁해지지 않도록 한다. 만약 자기 자신의 명예와 이익을 위하여 사용한다면 자신은 소위 사이비 교주가 될 수도 있는 것이다. 실제로 사회를 어지럽히고, 시끄럽게 하였던 예를 우리는 기억하고 있다.

## 5) 수련의 여러 의미

### (1) 닦음修의 의미

서양에서 몸을 단련하고 기능을 향상시키는 용어인 'training'은 훈련, 연습, 단련을 뜻한다. 또 다른 말인 'exercises'도 연습, 실습, 운동을 뜻하는데 이는 되풀이하여 반복함으로 구조와 기능을 향상시키는 것을 의미하고, 배움을 익히는 뜻과 함께 기술의 숙달과 기능의 향상이 전제된, 물리력의 향상을 의미한다. 동양에서는 훈련이나 연습이라는 용어와는 달리 수련이라는 용어를 사용하는데, 이는 서양의 훈련이나 연습을 통하여 물리력을 향상시키는 것과는 근본적으로 다르다. 동서양의 수련이나 훈련을 동양의 기론氣論적인 입장에서 보면, 서양의 훈련이나 연습은 근육을 강화하고 더 멀리, 더 빨리, 더 높이, 더 많이 하기 위한 후천後天의 기氣를 강화하는 것이고, 동양의 수련은 선천先天으로의 돌아감, 다시 말해서 원래의 완벽함의 회복을 의미한다. 동양에서 선천先天의 기氣는 완벽함을 의미하는데, 후천後天의 삶을 통하여 바로 살지 못하고 욕심慾心 등의 칠정七情이 관여하여 원래의 완벽함이 어긋남과 쏠림의 현상으로 인하여 약해지고, 병들고 하는 고통을 겪는 것이다. 이러한 것을 바로하기 위한 것이 수련인데, 수련의 '修' 는 닦는다는 뜻과 잘 가다듬고 고친다는 의미이다. 동양 수련의 의미는 현재, 즉 후천後天의 것을 강화하는 것이 아니고 원래의 완벽하고 강함을 회복하기 위하여 더러워지고, 어긋나고, 쏠린 것을 닦아내고 바로 하는 것이다. 그래서 북송北宋의 장백단은 오진편悟眞篇에서 선도수련의 완성을 환단還丹이라고 하였다. 즉 원래로의 되돌아감을 의미하는 것이다.

참된 수련은 자기정화 작업이므로 빼기(−)여서 하면 할수록 욕망도 아집도 줄어들어 점점 더 할 일이 없어진다. 줄어들고 또 줄어들어 마침내는 아무런 할 일도 없고 무엇을 하고 싶은 마음도 없어서 텅 비고 고요한 의식상태가 된다. 다시 말하면 수련이란 에고Ego의 껍질이 점점 얇아져 마침내 그 경계마저 사라져 버리는 과정이다. 그러므로 아무리 오랜 세월 수련을 하였다 하더라도 버리는 공부가 아닌 쌓는 공부를 해왔다면 그것은 수련이 아니다. 아집이 꺾이고 가치관이 무너지며 자아의 존재 기반마저 흔들리는 그런 떨어지는 과정이 없다면 수련이라고 할 수 없다. 진정한 수련은 이렇게 무너지는 과정이다.

수련은 빨래하기와 같다. 때 묻은 하얀 천을 깨끗한 물로 빠는 것이다. 때가 많이 묻어 있는 천일수록 구정물이 많이 나오는 법이

다. 구정물이 보기 흉해도 그것은 내 안에서 나오는 것이다. 시커
먼 구정물이 빠져나오지 않는다면 그것은 수행이 아니다. 구정물
은 쏠림이고 틀어짐이며 욕심이며, 마음의 상처이다. 빨래를 하면
할수록 구정물이 줄어들어 마침내 더 이상 구정물이 나오지 않는
다. 구정물이 다 나오면 맑은 물이 나오게 된다. 수련의 완성, 즉
연신환허煉神還虛의 경지에 이른 것이며, 원래로 돌아간 것이다.

## (2) 수련修煉

동양의 수련의 대상은 원래 완전한 신체활동의 에너지인 선천先天
의 기氣 회복하는데 있다. 동양의 수련은 원래 '修煉'을 의미하는
데 煉은 불에 달구어 단련한다는 뜻이다. 기氣는 몸, 즉 정精에 대하
여 양陽적이며, 에너지를 의미하기 때문에 인체 내의 기를 단련하
는 것을 수련修煉이라 하고, 다른 말로 연단煉丹이라고 한다. 후한後漢
의 위백양은 그의 기공수련서인 참동계參同契에서 인체 내의 기氣의
단련, 즉 내단內丹의 방법으로 노정爐鼎론을 주장하였는데, 기氣의 단
련을 마치 금속을 제련하는 연금술에 빗대어 설명하고 있다. 곧 머
리의 백회百會를 용광로인 정鼎으로 삼고, 하단전을 불을 일으키는
노爐로 삼아 기운의 정화精華인 단丹을 단련한다는 이론이다. 따라서
선도수련은 불을 일으켜, 즉 기氣를 활성화하여 단(丹)을 단련하는
수련이기 때문에 '修煉'이라고 하는 것이다. 우리가 일상 사용하
는 수련修錬이나 수련修練은 수련修煉의 질적質的, 양적量的 방법론을 말
하는 것이다.

'練'은 익힌다는 의미이다. 닦음을 계속하여 행하는 것이다. 수련은 계속하여야 한다는 것을 의미하는 것이다. 한 번에 이루어지는 것은 수련이 아니고 기적奇蹟이다. 국어사전에서 수련修練은 "① 수도회修道會에 입회入會하여, 착의식着衣式을 거쳐 수도修道 서원을 할 때까지의 몇 년간의 훈련訓鍊 ② 도가道家에서 계속하여 선술仙術을 닦는 일"이라고 되어 있어 수련修練은 계속하여 목적을 위해 익히는 [熟] 것을 말한다.

'鍊'은 쇠붙이를 불에 달구어 단련한다는 뜻과 불로 단련되어진 쇠붙이를 뜻한다. 글자의 의미가 내포하듯이 수련修鍊은 강하게 단련해야 한다는 것을 의미한다. 선도仙道의 수련은 양陽적인 에너지인 기氣를 단련하는 수련修煉이며, 강하게 단련하는 수련修鍊이며, 계속하여 단련해야 하는 수련修練인 것이다.


## 6) 수련의 효과效果

① 모든 생리生理기능이 왕성旺盛해져서 몸과 마음이 함께 건강해진다.

② 체질이 강화되어 외사外邪가 침범치 못하므로 병에 걸리지 않는다. 감기나 소화불량 같은 것은 물론이고, 각종 성인병을 비롯하여 그 무서운 암증까지도 예방이 된다.

③ 항상 정력精力과 활력活力이 넘치게 되며 따라서 노화老化가 지연遲延된다. 적어도 나이보다는 훨씬 젊게 보이고 활기차고 신명나는 생활을 영위할 수 있다.

④ 일상적인 모든 질병과 암까지도 치료가 가능하며, 적어도 그러한 병증의 치료에 많은 도움이 된다.

⑤ 두뇌를 건강하게 하여 지능을 향상시키고, 정신력을 강화하여 잠재능력을 최대한 발휘할 수 있게 된다.

⑥ 인격형성에 도움이 되어 덕성을 지니게 될 뿐만 아니라, 모든 일에 초연할 수 있게 된다. 진정한 행복이 뒤따름은 말할 것도 없다.

⑦ 기공수련은 인체 내의 호르몬 분비分泌에 관여하여 생체의 면역성免疫性이 강화되고 교감신경交感神經의 억제抑制와 부교감신경副交感神經의 흥분興奮이 동시에 나타나서 심신心身의 안정이 이루어져서, 자율신경自律神經의 조련 법으로의 응용가치가 있음이 조사 연구되었다.


## 7) 수련의 주의사항

① 건강법에 대한 믿음을 가지고 열심과 최선을 다하여 수련한다.

② 수련 시 몸의 이상이 발생하거나, 자세에 대한 의심 등 불확실한 경우와 자기가 판단을 내리기가 어려울 경우 반드시 지도자나 수련 선배에게 자문을 구하여 처리하여야 한다.

③ 수련 시에는 항상 긍정적肯定的인 마음으로 얼굴은 미소를 잃지 않는다.

④ 무절제無節制한 생활을 피하고 규칙적規則的인 생활을 하며 음식

을 탐하지 말고 술과 담배를 멀리하며, 성생활性生活을 문란紊亂하게 하지 말아야 한다.

⑤ 배운 공법功法은 수시로 연습을 하여 기공을 생활화할 것.

⑥ 신비주의神秘主義에 빠지지 말고 과학적科學的이며 보편적普遍的인 것에서 벗어나지 말고, 초능력超能力보다는 양생養生위주로 수련한다.

⑦ 무리하게 수련하지 말고 몸과 생활의 환경에 맞추어 수련하며, 가급적 규칙적規則的인 수련을 하도록 한다.

⑧ 수련 시 침이 많이 고이면 뱉지 말고 그득해질 때를 기다려 여러 번에 나누어 삼킨다.

⑨ 식사 바로 전후에는 수련을 하지 않으며, 식후 한 시간 이후에 시작하며, 몸이 피곤한 경우 충분히 휴식休息을 취한 후에 수련을 할 것.

# 제3부

# 현대 도인양생공 수련법

## 現代 導引養生功修煉法

# I. 도인보건공 導引保健功

## 1. 도인보건공의 효과 및 개요

도인보건공은 북경체육대학의 장광덕 교수가 만든 도인양생공이다. 도인보건공은 종합적으로 질병을 예방하고 치료하는 경락도인동공經絡導引動功이다. 도인보건공은 심혈관 계통질환, 호흡기 질환, 소화기 질환, 목과 허리통증 관절 질환, 비뇨생식기 질환, 신경성 질환 등을 치료 예방하는 동공이다. 도인보건공을 수년간 여러 질병을 가진 319명의 환자들에게 수련시켜 임상적으로 관찰한 결과 치료율이 87.7%의 임상결과가 증명되었다(중국자료참조). 도인보건공의 효과는 다음과 같다.


• 마음을 안정시킨다.
• 기혈의 소통을 원활히 하여 면역력을 높인다.
• 관절을 강화시킨다.
• 몸의 유연성을 높인다.
• 호흡의 질을 높인다.

## 2. 도인보건공의 의수意守 혈자리와 주치료

| 동작이름 | 혈위 | 위 치 | 주치료 | 비고 |
|---|---|---|---|---|
| 조식토납(調息吐納) | 노궁 | 손바닥 중앙 | 심신안정,심통,손떨림 | |
| 순수추주(順水推舟) | 노궁 | 상 동 | 상 동 | |
| 견담일월(肩擔日月) | 명문 | 제2요추극돌기아래 | 요통, | |
| 붕조전시(鵬鳥展翅) | 단전 | 배꼽아래 1.5촌 | 생리통, 복통설사,생리불순 | |
| 역반빈석(力搬盤石) | 단진 | 상 동 | 상 동 | |
| 추창망월(推窓望月) | 노궁 | 손바닥 중앙 | 심신안정, 심통, 손떨림 | |
| 영풍탄진(迎風揮塵) | 노궁 | 상 동 | 상 동 | |
| 노옹불염(老翁拂髥) | 단전 | 배꼽아래 1.5촌 | 요통, 대하, 설사 | |

## 3. 도인보건공 수련법

### 제1식 조식토납調息吐納 : 숨고르기 |||||

### 1) 준비자세

양 발은 모으고, 양 손은 자연
스럽게 몸 옆에 내리고 몸의
중심을 바로 하여 눈은 전방을
본다(사진 1).

### 2) 동 작

1. 왼발을 왼쪽으로 어깨너비
   로 벌리면서, 숨을 들이 마

〈사진 1〉

시고(흡기吸氣) 항문을 조여 당겨 올린다(제항提肛). 양 손을 천천히 앞으로 밀어 어깨 높이 정도로 올리고, 손바닥은 아래쪽을 향해, 양팔을 자연스럽게 펴고, 눈은 수평하게 앞을 바라본다 (사진 2).

2. 숨을 내쉬며(호기呼氣) 항문과 배의 힘을 빼고 이완한다. 양 무릎을 절반쯤 쪼그리고 앉으면서, 양 팔꿈치를 아래로 당겨 내리고, 양손은 복부 앞으로 편안하게 누르듯이 내린다(사진 3).

3. 5, 7은 1과 같다.

4. 6, 8은 2와 같다.

〈사진 2〉

〈사진 3〉

### 3) 동작숫자

1. 여덟 박자씩 두 번 반복 하는데, 처음 여덟 박자는 왼발을 시작
으로, 두번째 여덟박자는 오른발을 시작으로 동일하게 한다. 매
번 마지막 박자는 벌린 발을 회수하여 처음의 자세로 양 발을 모
으고, 양 손은 몸의 양쪽 옆에 붙여 곧게 선다.

### 4) 요 점

1. 양 손은 앞을 향하여 위로 들어 올리고 배를 내밀지 말라.

2. 양 무릎을 구부릴 때 허리와 엉덩이를 이완하되 앞으로 숙여지
거나 뒤로 나오지 않도록 해야 한다.

3. 정신을 집중하고, 의념은 단전丹田(아랫배 중앙)이나 노궁勞宮(손바
닥 가운데)에 둔다.

### 제2식 순수추주順水推舟 : 물위에서 배 밀기

### 1) 동 작

1. 흡기吸氣하며 제항提肛하고, 몸을 왼쪽으로 45도 돌리면서 몸의 중
심을 오른발로 옮기면서 오른다리를 구부리고 왼다리를 앞으로
내디뎌 발뒤축을 땅에 대는 허보虛步를 취한다. 동시에 왼쪽을 향
해 호형弧形(활모양)을 그리고, 몸을 약간 우측으로 돌리며, 양 팔
꿈치는 아래로 떨어뜨리고, 양 손은 가슴 앞에서 손바닥이 앞쪽
을 향하며, 눈은 수평전방을 본다(사진 4, 5).

2. 호기呼氣하며 항문과 복부이완(송복송항松腹松肛). 중심을 아래로 가
   라앉히며 왼발 허보를 궁보弓步(앞으로 구부리고 뒷다리 펴기)로
   전환한다. 동시에 양 손을 아래로 약간 내렸다가 앞으로 배를 밀
   듯이 천천히 내미는데, 팔은 자연스럽게 펴고 팔꿈치는 아래로
   가라앉히며, 몸이 가볍고 부드럽게 휘날리듯 하는 기분이 들도
   록 하고 눈은 수평전방을 본다(사진 6).

3. 흡기吸氣하며 제항提肛하고, 몸의 중심을 오른발로 옮기며 오른다
   리를 구부리고 왼발 끝을 들어 좌허보左虛步자세를 취한다. 동시
   에 양 손목을 이완하여 손바닥이 아래로 향하도록 하고, 몸을 오
   른쪽으로 약간 돌림과 동시에, 양 팔꿈치를 아래로 가라앉히며,
   양 손은 가슴 앞으로 활처럼 둥글게 거두어들이며(호형弧形), 손

〈사진 4〉

〈사진 5〉

현대 도인양생공 수련법 **131**

<사진 6>　　　　　　　　　　　<사진 7>

바닥은 앞쪽을 향하고 손끝은 위를 향하며 눈은 수평전방을 본
다(사진 7).


4. 2와 같다.


5. 3과 같다.


6. 2와 같다.


7. 흡기제항吸氣提肛하며, 몸의 중심을 먼저 오른발로 옮기며, 오른다
리를 반쯤 굽히고, 왼발 끝을 드는 좌허보左虛步에서 양 팔은 자연
스럽게 펴고, 양 손바닥은 아래로 향한다. 계속해서 몸을 오른쪽

으로 천천히 돌리면서 정면을 향해 양 팔을 자연스럽게 편 상태를 유지하고, 손바닥은 아래로 향하며 눈은 수평전방을 본다(사진 8).

8. 호기송복송항呼氣松腹松肛하며 왼발을 오른발 옆에 나란히 붙이고 양쪽다리도 천천히 편다. 동시에 양 손은 몸 옆에 내리고 눈은 수평전방을 본다(사진 9).

9. 두 번째 여덟 박자는 첫 번째 여덟 박자와 같으나 오른쪽 방향을 기준으로 한다.

〈사진 8〉

〈사진 9〉

## 2) 동작숫자

여덟 박자씩 두 차례

## 3) 요 점

1. 허보虛步자세에서 상체를 앞으로 숙이거나 뒤로 높이지 말고 허리와 엉덩이가 이완되어야 한다.

2. 궁보弓步자세에서 엉덩이가 튀어나오지 말고 허리는 부드럽게 엉덩이를 아래로 가라앉도록 하되 뒷발꿈치가 들리지 않도록 한다.

3. 양 손은 앞으로 밀때 어깨는 가라앉히고, 팔꿈치는 펴며 손목은 가라앉듯이 손가락을 미는데, 모든 동작이 하지下肢와 밀접하게 결합되어 뿌리에서 시작되어 중간을 거쳐 말초에 다다르도록 한다.

4. 의념은 노궁勞宮 혈에 둔다.

## 제3식 견담일월肩擔日月 : 어깨에 해와 달 얹기

## 1) 동 작

1. 흡기제항하며, 양 발은 모아 움직이지 않고 상체만 왼쪽으로 90도 돌리며 양 팔을 안으로 돌리며, 어깨 높이로 들어 올리되 손바닥과 어깨높이가 같도록 하고, 팔을 밖으로 돌릴 때 양 팔꿈치를 아래로 구부려 손바닥이 위쪽을 향하도록 팔을 벌린다. 눈은

진행하는 왼손에 집중하고, 앞쪽 손은 해를 들듯 뒤쪽 손은 달을 들듯이 하여 해와 달의 광채가 오장육부五臟六腑를 비추고 가슴을 적시듯이 한다(사진 10, 11, 12).

〈사진 10〉

2. 호기송복송항呼氣松腹松肛하며, 양 손을 밖으로 벌린 상태에서, 몸을 정위치로 돌리고 팔을 안쪽으로 활모양(호형弧形)으로(사진 13) 양 손이 앞을 향하여 내려 누르며 몸 옆에 붙여 바로 서서 눈은 수평전방을 본다(사진 14).

〈사진 11〉

3. 1과 같으나 몸을 오른쪽으로 90도 돌린다.

4. 2와 같으나 몸을 오른쪽으로 90도 돌린다.

5. 1과 같다.

〈사진 12〉

6. 2와 같다.

7. 3과 같다.

8. 4와 같다.

〈사진 13〉

## 2) 동작숫자

여덟 박자씩 두 차례를 하는데, 마
지막 끝마치는 자세에서 양 손을 아
랫배 앞에 위치하는데, 손바닥이
위로 향하고 손가락은 상대 쪽을 향
하며, 양 손의 거리와 손과 배의 거
리는 10cm가 되도록 한다. 눈은 수
평전방을 본다(사진 15).

〈사진 14〉

## 3) 요 점

1. 해와 달을 어깨위에 얹은 자세에
   서 가슴을 부드럽게 하여 몸을
   펴고, 어깨와 팔꿈치는 아래로
   가라앉히는데, 손은 어깨위에 팔
   꿈치는 어깨 아래에 위치한다.
2. 허리를 충분히 돌려 몸을 바르게

〈사진 15〉

세우되, 몸이 좌우나 앞뒤로 숙여지지 않아야 한다.

3. 의념은 명문命門(허리의 제2요추 극돌기 아래, 배꼽 반대쪽)혈에
   둔다.

## 제4식 붕조전시鵬鳥展翅 : 황새 날개 펴기

### 1) 동 작

1. 흡기제항吸氣提肛하며 몸의 무게중심을 오른발로 옮기며 오른다
   리를 반쯤 구부리고 왼다리를 옆으로 어깨너비로 벌린 다음,
   몸의 중심을 양다리로 나누며 양다리를 천천히 편다. 이때 양
   손은 좌우로 나누어서 위쪽으로 호형弧形을 그리며 올리는데,
   양 팔이 호형을 이루되 손바닥은 위를 향하여 천천히 날개를
   들듯이 하고 눈은 수평전방
   을 본다(사진 16).

2. 호기송복송항呼氣松腹松肛하며
   중심을 오른발로 옮기면서
   오른다리를 반쯤 구부리며
   머리 위에 있는 양손을 갈라
   각각 양쪽 옆으로 내리고 이
   어서 왼발을 오른발 옆에 모
   으며 양 손은 배 앞에 위치

〈사진 16〉

〈사진 17〉                    〈사진 18〉

한다. 양 팔은 약간 굽히고 손바닥은 위쪽을 향하며 양 손 사이의
거리와 손과 배 사이의 거리는 10cm를 유지하고 눈은 수평전방
을 본다(사진 17, 18).

3. 1과 같으나 오른다리를 오른쪽 옆으로 벌린다.

4. 2와 같으며 오른다리를 오른쪽 옆으로 벌린다.

5. 흡기제항吸氣提肛하며 무게 중심을 오른다리로 옮기고 오른다리를
반쯤 구부리면서 왼발을 앞으로 내미는데, 발끝을 들어 먼저 허
보虛步자세를 이루었다가 중심을 천천히 앞발과 앞다리로 이동하
면서 양다리를 곧게 펴고 오른발의 뒤꿈치를 들어 척추를 곧게

핀다. 동시에 양손은 몸 앞쪽으로 둥글게 들어 올려 머리 위에 손바닥이 위를 향하도록 양 팔이 호형弧形을 이루는 자세를 취하며 눈은 수평전방을 본다(사진 19).

6. 호기송복송항呼氣松腹松肛하며, 중심을 오른다리로 옮기면서 뒤꿈치를 내리고 오른다리를 반쯤 구부리고 왼다리는 곧게 펴되, 왼발끝을 들었다가 오른발 옆으로 당겨 붙이고 천천히 다리를 편다. 동시에 머리위의 양 손을 앞쪽으로 둥글게 원을 그려 내려서 아랫배 앞에 위치하되 양 팔은 호형弧形을 이루며 눈은 수평전방을 본다(사진 20).

7. 5와 같으나 몸의 중심을 왼발에 두고 왼다리는 반쯤 굽히면서 오

〈사진 19〉

〈사진 20〉

른다리를 앞으로 내디딘다.

8. 6과 같으나 몸의 중심을 왼발에 두고 왼다리는 반쯤 굽히면서 오른다리를 앞으로 내디딘다.

## 2) 동작숫자

여덟 박자씩 두 차례

## 3) 요 점

1. 정신을 집중하고 단전丹田을 의수意守(생각)한다.
2. 양 손을 위로들 때 뒤꿈치를 위로 들고, 양 손을 배 앞으로 내릴 때 가슴을 내밀고 기氣를 가라앉히며 상하지가 서로 일치되어야 한다.

## 제5식 역반반석 力搬盤石 : 반석들기

## 1) 동 작

1. 흡기제항吸氣提肛하며 무게 중심을 오른발로 옮기면서 오른다리를 반쯤 구부린다. 동시에 왼발을 왼쪽으로 어깨너비 보다 넓게 벌리면서 몸의 무게 중심을 양 다리로 나누며 양 다리를 곧게 편다. 이때 양 손을 가슴 앞으로 들어 올리면서 손바닥은 위로 향하고 눈은 양 손을 같이 바라본다(사진 21, 22). 이어서 양 팔을 안으로 돌려 양 손을 얼굴 앞에서 갈라 좌우로 각각 호형弧形을

그리며 어깨 양쪽으로 나누면서,
팔은 자연스럽게 편다(사진 23).

〈사진 21〉

2. 호기송복송항呼氣松腹松肛하며, 양
   다리를 천천히 구부려 마보馬步를
   이룸과 동시에 팔을 안으로 돌리
   며 손바닥이 아래쪽을 향하게 하
   고 손이 아래로 호형弧形을 그리면
   서 무릎 아래로 내리면서, 양팔
   은 둥글게 손바닥은 위쪽을 향한
   다. 양 손의 간격은 10cm로 반석
   盤石을 들듯 하는 자세를 취하며,
   양쪽 눈 빛으로 양 손을 동시에
   보아 몸을 구부리거나 머리를 숙
   이지 않아야 한다(사진 24).

〈사진 22〉

3. 흡기제항吸氣提肛하며, 양 손을 위
   로 받들어 올려 가슴 앞에서 팔
   을 안으로 돌려, 얼굴 앞에서 좌
   우로 갈라 호형弧形을 그리며 어깨
   양측으로 양 팔을 자연스럽게 펴
   고 손바닥은 앞쪽의 옆을 향하며

〈사진 23〉

〈사진 24〉

〈사진 25〉

눈은 수평전방을 본다(사진 25).


4. 2와 같다.


5. 3과 같다.


6. 2와 같다.


7. 3과 같다.


8. 호기송복송항하면서, 중심을 오른발로 옮기며 오른다
   리를 구부린다. 동시에 왼발을 오른발 옆에 붙이고 양 다리를 천

천히 편다. 이때 양 손을 배 앞으로 모아 손바닥이 위로 향하여 양 손의 간격과 양 손과 배의 간격은 10cm를 유지하고 눈은 수평전방을 본다(사진 26).

여덟 박자씩 두 차례를 하는데 마지막 여덟 박자는 오른발을 벌리는 동작이다.

## 2) 동작숫자

동작의 마지막에 오른발을 왼발 옆에 붙여선 후 양 다리를 천천히 편다. 이때 양 손은 내려 몸 옆에 붙여 선 자세를 하고 눈은 수평전방을 바라본다(사진 27).

〈사진 26〉

〈사진 27〉

## 3) 요 점

1. 정신을 집중하고 단전을 의수한다.

2. 앉을 때 고개를 숙이거나 몸을 구부리지 말며, 일어설 때 어깨는 가라앉히고 머리는 위로 뽑듯이 한다.

3. 손가락을 위로 받들어 올릴 때 천근千斤의 반석盤石을 생각한다.

### 제6식 추창망월推窓望月 : 창 열어 달 보기

## 1) 동 작

1. 흡기제항吸氣提肛하며, 양 발은 움직이지 않으면서, 몸을 약간 왼쪽으로 돌린다. 동시에 오른팔을 손바닥이 몸 쪽을 향하도록 안으로 돌려, 호형弧形을 그리면서 왼쪽어깨 앞에 이르며 팔은 둥글게 구부린다. 이때 왼손의 손날은 안으로 돌렸다가 왼쪽을 향해 돌리는데, 몸의 엉덩이 옆에 이를 때 팔을 바깥으로 돌려 올려서 어깨 높이에 오면 팔을 자연스럽게 펴고 눈은 왼손을 본다(사진 28).

2. 호기송복송항呼氣松腹松肛하며, 몸의 중심을 오른발로 옮기면서 오른다리를 반쯤 구부리고 몸을 오른쪽으로 돌리면서, 왼발을 왼쪽으로 어깨너비 만큼 벌리되 발끝이 오른발 쪽을 향해야 한다. 동시에 양 손은 구부려 호형弧形을 그리면서 얼굴 앞을 지나 몸의 오른쪽으로 옮긴 다음 오른팔을 자연스럽게 펴고 오른손은 세우

<사진 28>　　　　　　　　　　　　<사진 29>

며, 왼손은 오른 팔꿈치 안쪽을 향하고 손가락이 위를 향하도록

위치하며 눈은 오른손을 본다(사진 29).

3. 흡기제항<sup>吸氣提肛</sup>하며, 왼발을 축<sup>軸</sup>으로 하여 뒤꿈치를 안으로 돌
   려 발끝이 정면을 향하도록 하면서 중심을 왼발로 옮긴다. 동시
   에 왼다리를 반쯤 구부리고 오른발을 뒤로 당겨 디디며, 무릎과
   오금이 맞물려 반쯤 구부린다.
   이때 왼팔은 왼쪽 가슴 앞에 오른팔은 몸의 우측에 위치하며 눈
   은 오른손을 본다(사진 30).

4. 호기송복송항<sup>呼氣松腹松肛</sup>하며, 양 다리를 완전히 구부려 헐보<sup>歇步</sup>를
   이룬다. 동시에 양 손은 계속해서 왼쪽으로 호형<sup>弧形</sup>을 그리며 나

〈사진 30〉                    〈사진 31〉

아가는데 왼팔은 자연스럽게 펴고 오른팔은 약간 굽히며 창문을
밀고 달을 보듯이 하여 눈은 왼손 아래로 멀리 바라본다(사진
31).


5. 흡기제항吸氣提肛하며, 헐보歇步 자세에서 양 손바닥이 아래로 향했
   다가 오른쪽으로 호형弧形을 그리며 몸의 우측 방향에 위치하는
   데, 이때 몸의 중심을 왼발로 옮기고 오른발을 왼발 옆에 붙이며
   양 다리를 천천히 편다. 동시에 왼팔은 안으로 돌리고 왼손은 몸
   의 앞을 향했다가 오른쪽에서 위로 향해 호형弧形을 그리며 오른
   쪽 어깨 앞에 위치하여 팔은 자연스럽게 펴고 눈은 오른손을 본
   다(사진 32).

6. 호기송복송항呼氣松腹松肛하며, 중심을 왼발로 옮기고 왼다리를 반
   쯤 구부리며 몸을 왼쪽으로 돌리고 오른발을 오른쪽으로 어깨넓
   이 만큼 한 발짝 벌리는데 발끝은 안쪽을 향해야 한다. 동시에
   양 손은 계속해서 얼굴 앞을 지나 몸의 안쪽으로 호형弧形을 그리
   며 돌려서 왼팔은 자연스럽게 펴고 왼손은 세운다. 오른손은 왼
   팔꿈치 안쪽에 위치하고 손가락은 위를 향하여 눈은 왼손을 본
   다(사진 33).

7. 흡기제항吸氣提肛하며, 오른발을 축軸으로 하여 오른발 뒤꿈치를
   안으로 돌려 오른발 끝을 정면을 향하게 위치하고 중심을 오른
   발로 옮기면서 오른다리를 반쯤 구부리고, 왼발을 뒤로 당겨 디
   뎌 무릎과 오금이 맞물려 왼발 역시 반쯤 구부림과 동시에 오른

〈사진 32〉

〈사진 33〉

팔은 오른쪽 가슴 앞에 왼팔은 몸의 왼쪽에 위치하며 눈은 왼손을 본다(사진 34).

8. 호기송복송항呼氣松腹松肛하며, 양 다리를 완전히 구부려 헐보歇步를 이룸과 동시에, 양손은 계속해서 오른쪽으로 호형弧形을 그려 보내며, 오른팔은 자연스럽게 펴고 손바닥은 우측을 향하며 창문을 열고 달을 바라보듯이 하여 눈은 오른손 아래로 멀리 바라 본다(사진 35). 두 번째 여덟 박자는 첫 번째 여덟 박자와 같다.

## 2) 동작숫자
여덟 박자씩 두 차례를 반복하는데 마지막 일곱 박자에서 헐보歇步(양 무릎을 겹쳐 앉는 자세)자세로 추창망월推窓望月(창 열어 달 보기)

〈사진 34〉

〈사진 35〉

을 이룬 다음, 마지막 박자에서는 양 손바닥이 아래를 향하며 양 팔을 자연스럽게 펴고 몸을 바로 세우는 데, 왼발을 오른발 옆에 붙이며 양 다리는 반쯤 구부리고 어깨는 수평을 유지한 후 양 다리를 천천히 편다. 이때 양 손은 몸 옆에 내려 선자세를 취하고, 눈은 수평전방을 본다(사진 36, 37, 38).

〈사진 36〉

〈사진 37〉

### 3) 요 점

1. 양 팔이 호형弧形을 그릴 때 이완되어야 하며, 헐보歇步자세를 이루는 것과 손을 미는 동작이 일치해야 한다.

2. 헐보 자세에서 상체를 곧게 펴고, 앞쪽 발끝은 바깥을 향하며, 양다리가 비틀리며 긴장되어 쪼구려 앉는다.

3. 의념意念(생각)을 집중하여 노궁勞宮에 둔다.

〈사진 38〉

## 1) 동작

1. 흡기제항吸氣提肛하며, 양 발은 움직이지 않고 몸을 왼쪽으로 45도를 넘지 않게 돌리고, 양 팔을 안으로 돌리며 양 손을 갈라서 좌우 옆구리로 호형弧形으로 그린 다음, 팔을 자연스럽게 펼치면서, 손과 어깨의 높이를 같이하고, 눈은 왼쪽 전방을 본다(사진 39). 동작을 멈추지 말고, 중심을 오른발로 옮기고 오른발을 반쯤 구부린 상태에서, 왼발을 좌전방으로 한발 내디뎌 좌허보左虛步를 이룬다. 이때 몸을 오른쪽으로 약간 돌리고 양 팔을 밖으로 돌려 안으로 호형弧形을 그은 후 양 손등의 새끼손가락 끝점이 가슴을 지나며, 눈은 좌전방을 바라본다(사진 40).

〈사진 39〉  〈사진 40〉

〈사진 41〉　　　　　　　　〈사진 42〉

2. 호기송복송항呼氣松腹松肛하며, 중심을 아래로 가라앉혔다가 천천
   히 앞으로 옮기며 좌궁보左弓步를 이룸과 동시에, 양 손등으로 옷
   을 비비며 양쪽 아래로 갈라 내렸다가, 앞을 향해 팔을 안으로
   돌려 호형弧形을 그으며 먼지를 털듯이 가슴 앞에 도달하는데,
   양 팔은 자연스럽게 펴고 손등이 마주 보며 눈은 좌전방을 바라
   본다(사진 41).

3. 흡기제항吸氣提肛하며, 몸의 중심을 오른발로 옮기고 오른다리를
   구부리며 왼다리는 펴면서 왼발끝을 들어 좌허보左虛步를 이룬다.
   동시에 몸을 오른쪽으로 약간 돌리면서 양 팔을 밖으로 돌리는
   데, 양 손 가슴 앞에서 호형弧形을 그리고 양 손등의 새끼손가락
   끝점이 가슴을 지나며 눈은 수평전방을 본다(사진 42).

4. 2와 같다.

5. 3과 같다.

6. 3과 같다.

7. 3과 같다.

8. 호기송복송항呼氣松腹松肛하며, 몸을 오른쪽으로 똑바로 돌리고 왼발을 오른발 옆에 나란히 붙여서며 양 다리를 천천히 편다. 이때 양 손을 나누어서 먼저 안쪽으로 돌린 후 뒤쪽 밖으로 향했다가 위로 올린 다음 얼굴 앞에서 배 앞으로 호형을 그으며 내리며 팔

〈사진 43〉

〈사진 44〉

을 약간 굽히는데, 손바닥은 아래쪽을 향하고 손가락은 앞쪽으로 비스듬히 안쪽을 향하도록 하며 눈은 수평전방을 바라본다 (사진 43, 44).

여덟 박자씩 두 차례를 하는데, 두 번째 여덟 박자에서는 오른쪽 방향을 기준으로 한다.


## 2) 동작숫자

여덟 박자씩 두 차례.


## 3) 요 점

1. 노궁勞宮을 생각한다.

2. 발을 벌리고 오므릴 때 중심을 바로 하여 가만히 움직인다.

3. 양팔을 돌릴 때 폭을 크게 하고, 상하지上下肢가 일치되어야 한다.

### 제8식 노옹불염老翁拂髥 : 노인이 수염 쓰다듬기

## 1) 동 작

1. 흡기제항吸氣提肛하며, 몸의 무게 중심을 오른발로 옮기고 오른다리를 반쯤 구부린다. 동시에 왼발을 옆으로 어깨너비 만큼 벌리는데 발끝은 앞쪽을 향한다. 이때 양 손을 갈라 좌우로 들어 올리는데, 팔은 자연스럽게 펴서 어깨높이 만큼 올리고, 손등이 정면을 향하고 눈은 왼손을 바라본다(사진 45).

동작을 멈추지 않으면서, 중심을 왼발로 옮기고 왼다리를 반쯤 구부리고 오른다리를 곧게 편다. 동시에 양 팔을 밖으로 돌리면서, 손바닥이 앞쪽 위를 향하며 팔을 약간 구부린다(사진 46).

2. 호기송복송항呼氣松腹松肛하며, 오른발을 왼발 옆에 붙여서 양 다리를 천천히 편다. 동시에 양 손은 위를 향했다가 얼굴 앞에서 호형弧形을 그리며 양송 호구虎口(엄지와 검지를 벌린 사이)로 수염을 쓰다듬듯이 가슴 앞에서 안으로 천천히 내려 팔은 호형弧形을 이루고 손바닥은 아래쪽을 향하며, 눈은 수평전방을 바라본다(사진 47).

3. 1과 같고 오른발을 오른쪽으로 벌려주며 머리를 오른쪽으로 돌린다.

〈사진 45〉

〈사진 46〉

경락체조(도인양생공)

<사진 47>                    <사진 48>

4. 2와 같고 오른발을 오른쪽으로 벌려주며 머리를 오른쪽으로 돌
   린다.


5. 1과 같다.


6. 2와 같다.


7. 3과 같다.


8. 4와 같다. 두 번째 여덟 박자는 첫 번째 여덟 박자와 같으나, 양
   발을 벌리지 않고 제자리에서 두발을 모으고 머리를 돌리지 않
   는 상태에서 행한다. 마지막의 얼굴 앞에서 손을 내릴 때 잠시

칠규七竅를 봉한 상태로 정지했다가 손을 내린다.

## 2) 동작숫자

여덟 박씩 두 차례 하는데, 마지막에 양 손을 몸 옆으로 내리며 손
가락은 아래로 향하고 눈은 수평전방을 바라 본다(사진 48).

## 3) 요 점

1. 정신을 집중하고 단전丹田을 생각하라.

2. 몸을 충분히 이완시키고 상하지上下肢가 서로 일치되게 한다.

3. 양 손을 받들어 아래로 내릴 때, 머리꼭대기의 백회百會혈에서 신
   기神氣가 뚜렷하게 겹겹이 뻗치는 자태를 연상하라.

4. 수련을 완전히 마쳤으면 잠시 멈춰 섰다가 수련 위치를 떠나야
   한다.

# II. 서심평혈공舒心平血功

## 1. 서심평혈공의 효과 및 개요

서심평혈공은 심장을 편안히 하고 혈액을 바르게 조절하는 기공법
이다. 구체적으로 말하면 서심평혈공은 고·저혈압병, 관심병, 심
장박동이상, 동맥경화 등 심혈관계통 질환을 치료하는 동공動功이
다. 수년간 2천 여명의 임상사례로 밝혀진 바에 의하면 그 가운데

총 치료 효율이 80%에 도달한 것이 증명되었다(중국자료참조).

## 2. 서심평혈공의 특징

### 1) 마음과 자세를 같이하되 마음을 중요시 한다(의형결합意形結合 중점재의重點在意)

서심평혈공의 수련 시에 요구되는 의념과 자세는 밀접하게 결합되며, 동작이 숙련된 후에는 의념에 중점을 둔다. 서심평혈공 수련에서 제5식 상공유이上工揉耳에서 의수(생각)하는 혈자리(예. 심혈心穴, 교감혈交感穴, 강압구降壓溝 등), 제6식 추비고퇴捶臂叩腿에서 의수하며 두드리는 혈자리(명문命門, 위중委中, 승근承筋, 승산承山, 부양伏陽 등)와 제8식 평보연환平步連環에서 양손으로 등부위를 상하로 비빌 때 의수하는 명문命門 혈자리, 양손을 포개어 모두 소충少沖, 관충關沖, 중충中沖, 노궁勞宮의 4군데 혈자리를 의수한다. 만일 느낌과 동시에 여러 혈자리를 의수하면 사상思想이 분산되므로 그중 한 군데의 혈자리를 의수해도 되며 효과에는 지장이 없다.

의수意守의 정도와 방법 : "지키는 마음도 아니되고, 뜻을 구하지 아니해도 아니되며, 상대에 마음을 쓰라. 근거없이 흩어지면 무의미하다. 면면히 존재하여, 지킬듯 말듯 하라." 이 말은 도인양생공의 모든 수련 시에 요구되는 의수의 특징이므로 수련자는 특별히 유념해야 한다.

## 2) 동작과 호흡을 같이하되 호흡을 중시한다(동식결합動 息結合 착중우식著重于息)

동動은 동작을 가리키며, 식息은 호흡을 가리킨다. 숨을 들여 마시고 내뱉는 것이 식息이다. 서심평혈공 수련에서 강조되는 동작과 깊은 복식호흡은 긴밀히 배합되어야 한다.

**배합의 원칙** : 기흡낙호起吸落呼(들며 마시고 내리며 내쉼), 선흡후호先吸後呼(먼저 마시고 후에 내쉼), 비흡구호鼻吸口呼, 마실 때 혀를 입천정에 붙이고 내쉴 때 내림, 입안에 생긴 타액은 수시로 넘긴다.

착중우식著重于息은 주로 길고 부드럽게 느린 호기呼氣를 가리킨다. 서심평혈공 수련 시에 요구되는 호기는 흡기 보다 가늘고 길며 부드럽다. 이로써 교감신경의 흥분을 가라앉히며 고혈압병을 예방치료 한다.

## 3) 경락이 순환되도록 동작하되 팔 비틀림을 중시한다 (순경취동循經取動 강조비시强調備施)

서심평혈공 수련 시에 양팔이 종축縱軸을 따라 돌고 휘감기는 폭은 대체로 크다. 이로써 봉동필시逢動必施(움직임에는 반드시 돌림), 봉작필요逢作必僥(꾸밈에는 반드시 휘감기) 함으로서, 신체 말단의 근육다발과 작은 관절이 충분히 움직여서, 신체의 말단에 위치한 소동맥의 경련을 풀어주고, 경락을 창통脹通시켜 어혈을 변화시키고 뭉

친 것을 풀며, 기氣를 이롭게하여 혈血을 화합하며, 살과 가죽을 따뜻이 하여 오장五臟을 편안히 한다.

## 4) 경락을 순환시키며 경혈을 취하되 손끝으로 침을 대신한다(순경취혈循經取穴 이지대침以指代針)

주로 수소음심경맥手少陰心經脈, 수궐음심포경맥手厥陰心胞經脈, 족궐음간경맥足厥陰肝經脈, 족태양방광경맥足太陽肪胱經脈과 임독任督 양맥兩脈에서 골라 취혈하여 스스로 안마按摩하고 점안點按한다. 예로 제2식 백원헌과白猿獻果와 제8식 평보연환平步連環에서 양손으로 비비는 가슴 앞의 선기, 화개, 옥당, 전중, 구미혈과 허리와 엉덩이 뒷부분의 백환유, 방광유, 소장유, 대장유, 신유 등의 혈자리가 모두 "순경취혈循經取穴 이지대침以指代針"에 해당된다. 이것은 동양 침구학에 근거하여 질병을 치료할 때 선택하여 취혈取穴하는 원칙에 입각한 것이다.

이외에 간단하게 이행하고, 조작이 간편하며, 효과가 뚜렷하고, 부작용이 없는 서심평혈공 제5식의 상공유이上工採耳 또한 이침요법에 근거한 특징 가운데 하나로서 이지대침以指代針의 전형적인 동작이다.

## 5) 이완과 긴장을 같이하되 시작과 끝은 이완한다(송긴결합松緊結合 송관시말松貫始末)

서심평혈공 수련 시 고급빈경계통과 사지백해四肢百骸에 고도高度의 이완을 요구한다. 사상思想에서 일체의 잡념을 배제하여, 자연스럽고 상쾌하게 휘날리듯, 팔다리의 터럭도 긴장치 않을 정도로, 편안하고 자연스럽게 체현體現해야 한다. 다만 "이지대침以指代針"의 동작(예. 노궁혈 찌르기, 얼굴 비비고 귀 만지기, 팔다리 두드리기)에서는 짧게 점진적인 힘을 가하는 소위 긴緊을 시행해야 한다. 이것이 서심평혈공에서 총체적으로 말하는 "송긴결합 송관시말"로서, 송松(이완)이 근본이고 긴緊(긴장)은 잠깐이며, 송松은 불해不懈(게으르지 않음)이고 긴緊은 불강不僵(뻣뻣하지 아니함)이다.

## 6) 전신을 움직이되 내면은 느리게 한다(운동주신運動周身 완우기중緩寓其中)

서심평혈공을 수련하면, 머리에서 발까지, 속에서 겉까지, 사지백해四肢百骸, 오장육부, 근맥육피골根脈肉皮骨 등 신체 각 부분이 고르게 단련되며, 체중이 절반 이상 되는 사람의 경우, 유연하고 부드러운 상태로 비교적 오랜 시간을 수련하면, 근육의 규칙적인 수축과 이완으로, 혈액응고기능에 좋은 영향을 미쳐, 관상동맥의 혈전血栓형성을 감소시킨다.

## 3. 서심평혈공 수련법

**제1식 문계기무**聞鷄起舞 **: 닭소리에 일어나 기지개 펴기** |||

### 1) 준비자세

양 발을 모으고 몸을 바르게 세워, 아래턱을 당기고 양 손을 자연스럽게 내려 몸 옆에 붙이고, 눈은 수평전방을 바라보거나 가볍게 감는다.

### 2) 동 작

1. 흡기제항하고 양 발을 모아 곧게 핀 상태에서 발뒤꿈치를 천천히 들어 동시에 양 팔을 앞으로 펴서 양손으로 예물을 받들 듯이 가슴 앞까지 올린다. 이때 새끼손가락 끝이 위로 향해 어깨 높이와 어깨너비로 수평이 되도록 하는데 손바닥이 위를 향하고 눈은 수평전방을 바라본다(사진 49).

〈사진 49〉

2. 호기송복송항하며, 양 다리를 천천히 굽히면서 발뒤꿈치를 땅에 내리고, 양 다리를

〈사진 50〉　　　　　　　　　〈사진 51〉

긴장함과 동시에 양 팔을 아래로 돌려 양손바닥이 아래로 향하여 천천히 주먹을 쥐며 중층中衝(가운데 손가락 끝)혈로 노궁勞宮(손바닥 가운데)을 자극하며 물건을 끌어 내리듯이 당겨내리는데, 이때 손목은 약간 들고 손바닥 쪽이 아래로, 주먹안쪽이 내측을 향하고 눈은 수평전방을 본다(사진 50).

3. 흡기제항하며, 양 다리를 천천히 펴면서 발뒤꿈치를 들면서 양 주먹을 밖으로 펴고 양 팔을 어깨 높이로 편다. 손바닥은 소지小指끝이 위쪽을 향하되 눈은 왼손을 바라본다(사진 51).

4. 호기송복송항하며, 양쪽 다리를 천천히 구부리며 발뒤꿈치를 땅에 내리고, 양 팔을 안으로 돌리며 양 손을 점점 가볍게 주먹 쥐

<사진 52>　　　　　　　　　　<사진 53>

고 아래로 끌어 내리듯이 다리까지 이른다. 이때 중충中衝점으로 노궁勞宮혈을 자극하고 손목은 약간 들며 손바닥 쪽이 아래로, 주먹 안쪽이 내측을 향하도록 한다(사진 52).

5. 5~8은 1~4와 같이 하되 시선방향만 반대쪽으로 두며, 두 번째 8박자의 마지막 자세에서 처음의 자세로 양 손을 펴서 몸 옆에 붙이고 눈은 수평전방을 본다(사진 53).

## 3) 요 점

1. 몸을 일으킬 때 가슴은 편안하게, 어깨는 가라앉게, 몸은 곧게 발뒤꿈치는 무겁게 들고 내리며, 허리는 이완하고, 엉덩이는 곧게 똑바로, 양 무릎은 서로 기대고 의지하며, 다리를 구부리는

각도는 수련 정도에 맞도록 하되 무리하게 요구하지 않는다.

2. 중충中冲점을 노궁勞宮혈에 접촉할 때 힘주고, 일어설 때 천천히
이완하여 연다.

3. 의념을 중충中冲(중지 끝) 또는 관중關冲(4지손톱 끝) 또는 소충小冲
(5지 안쪽 끝) 또는 노궁혈(손바닥 중앙)에 둔다.

## 제2식 백원헌과白猿獻果 : 흰 원숭이 과일 바치기

## 1) 동 작

1. 흡기제항하며, 몸을 왼쪽으로 45도 돌려 양 팔을 안으로 돌리고
동시에 손바닥은 밖으로 향한다. 팔은 자연스럽게 펴서 높이가
어깨와 수평이 되고 양손 사이의 거리는 어깨너비 보다 약간 좁
게 하며, 눈은 양 손을 같이 본다(사진 54).

동작을 멈추지 않고 오른발로 중심을 이동하며 오른쪽 무릎을
굽히고, 왼발을 좌측전방 한발 앞으로 하되 발뒤꿈치를 땅에 대
며 좌측 허보를 딛는다. 동시에 양 팔을 밖으로 돌려 팔굽을 구
부리며 양 손은 어깨 앞에서 분리하여 눈은 수평으로 좌전방을
본다(사진 55).

2. 호기송복송항하며 중심을 앞으로 이동하고 왼다리를 천천히 피
면서 오른쪽 무릎을 구부려 발끝을 아래로 내린 왼발 홀로서기
를 한다. 동시에 양 손은 벌려 아래를 향해 가볍게 누르듯이 하

〈사진 54〉 〈사진 55〉

고, 발을 들어 올릴 때 양 팔을 자연스럽게 펴고, 손바닥은 위로
향하여, 소지小指끝이 약간 위로 향하되 진상품을 받들 듯이 한
다. 눈은 양 손을 같이 본다(사진 56).

3. 흡기제항하며, 중심을 아래로 낮추고 왼다리를 조금 구부려 오
른발을 오른쪽 뒤쪽으로 내려딛고 중심을 오른발로 이동하여 오
른다리의 무릎을 구부리고 왼다리는 곧게 뻗고 발뒤꿈치는 땅에
대는 좌측 허보虛步를 이룸과 동시에 양손을 좌우로 활처럼 둥글
게 펼쳐 몸 양측에 이른다. 양 팔은 자연스럽게 펴고 팔꿈치는
아래로 떨어뜨리고 눈은 수평 좌전방을 응시한다(사진 57).

4. 호기송복송항하며 중심을 앞으로 이동하여 좌측 궁보弓步를 이루

〈사진 56〉 〈사진 57〉

고, 동시에 양 팔꿈치는 약간 굽히고 손목을 축軸으로 안쪽으로 돌릴 때 손바닥은 전방 아래쪽을 내리 누르듯이 하여 왼쪽무릎 양측 위쪽에서 주먹을 쥔다. 이때 중충中沖점이 노궁勞宮혈을 자극하고 손목은 약간 들어 권심拳心(주먹 손바닥 쪽)은 아래로 향한다. 권안拳眼(주먹 안쪽)은 안쪽을 향하며 양 팔은 활모양을 이룬다. 눈은 수평으로 좌측전방을 응시한다(사진 58).

5. 흡기제항하며, 중심을 천천히 오른발로 이동하고, 오른쪽 무릎을 반쯤 굽히며 왼다리는 편다. 발뒤꿈치는 땅에 대고 발끝을 들어 좌측 허보虛步를 딛는 동시에 팔꿈치는 약간 굽혀 밖으로 돌려 양 손을 따라 어깨 옆 전방으로 거두며 눈은 수평으로 좌전방을 응시한다(사진 59).

〈사진 58〉　　　　　　　　〈사진 59〉

6. 2와 같다(사진 60).

7. 흡기제항하며 중심을 아래로 내리며 왼다리를 구부리고 몸을 오
   른쪽으로 돌려 오른발은 우측으로 약간 뒤쪽에 딛고 동시에 양
   손바닥이 위로 향해 약간 활처럼 둥글게 하여 양쪽으로 수평이
   되게 놓고 팔은 자연스럽게 피면서 눈은 오른손을 본다(사진
   61).

8. 호기송복송항하며 중심을 오른발로 이동하고 오른쪽 무릎은 약
   간 구부려 왼발을 오른발에 모아 붙이고 양 다리는 천천히 편다.
   동시에 양 팔은 안으로 돌리고 팔꿈치는 구부려 양 손을 얼굴 앞
   에서 아래로 내리누르며 몸 옆에 붙이고 눈은 수평전방을 본다

〈사진 60〉

〈사진 61〉

(사진 62).

두 번째의 8박자는 첫 번째
의 8박자와 같으나 반대방향
오른쪽을 기준으로 한다.

〈사진 62〉

## 2) 동작 숫자

8박자를 두 차례

## 3) 요 점

1. 허보虛步자세에서 허리를 느슨히 하고 엉덩이는 곧게 편다. 상체
   는 바르게 하여야 하고, 외발서기 할 때 다섯 발가락을 벌려 땅
   을 움켜쥐듯이 하고 백회百會는 제일 꼭대기로 향하도록 한다.

2. 양 팔의 회전 폭은 되도록 크게 하고, 어깨는 아래로 가라앉히고 팔꿈치는 떨어뜨려야 한다. 과일을 바칠 때 양손이 하나의 누름, 맡김, 바침, 드림의 과정이다. 궁보弓步자세에서는 엉덩이를 깊숙이 내려 가로막듯이 하고 상하지上下肢가 서로 협조하여 일치되도록 한다.

3. 중충中沖점으로 노궁勞宮혈을 자극할 때 약간의 힘을 주고 시간은 잠깐 동안 자극한다.

4. 의념意念(생각)은 중충中沖 또는 관충關沖 또는 소충少沖 또는 노궁勞宮혈의 4개 혈자리에 두면서도 그중에 하나의 혈자리에 집중토록 한다.

## 제3식 금상권비金像卷鼻 : 황금 코끼리 코 감아쥐기 |||||

### 1) 동 작

1. 흡기제항하며 중심을 오른발로 이동하고 오른다리는 약간 구부리고 왼발은 옆으로 크게 한발 벌려 발끝이 앞을 향하면서 중심을 양 발 중간에 두고 양 다리는 곧게 편다. 동시에 양 팔은 안으로 돌려 피며 손등이 마주보고 어깨 높이로 앞에 놓되 어깨너비 정도가 되도록

〈사진 63〉

〈사진 64〉 〈사진 65〉

하고, 눈은 수평전방을 본다(사진 63).

2. 호기송복송학하며 양 무릎을 구부려 마보馬步자세를 취함과 동
   시에 양팔은 밖으로 돌리고 양손은 소지小指(새끼손가락)부터
   차례로 감아쥐며 손목을 굽혀 다섯손가락을 갈고리처럼 만들
   어 견우肩髃(어깨 삼각근의 중간점)혈을 향하여 꽂듯이 댄다. 이
   때 양 팔꿈치는 서로 모아 눈은 수평전방을 본다(사진 64, 65).

3. 흡기제항하며 양 팔꿈치는 밖으로 벌리고 양 손의 갈고리 모양
   을 풀어 손 안쪽이 어깨 위 귀 옆을 받쳐 안으로 돌려 손바닥이
   위로 향하고 손끝은 서로 마주하여 팔다리를 천천히 편다. 눈은
   수평전방을 본다(사진 66, 67).

〈사진 66〉 〈사진 67〉

4. 호기송복송학하며 중심을 오른발로 옮기고 오른다리는 반쯤 구부려 왼다리는 피면서 왼발을 오른발에 붙이고 양 다리를 천천히 피면서, 양손은 와주 양쪽 아래로 활등처럼 굽혀 노를 젓듯이 아래로 내려 몸 옆에 댄다. 눈은 수평전방을 본다(사진 68).

5. 5∼8까지는 1∼4까지와 같으나 반대방향 오른쪽을 기준으로 한다.

## 2) 동작 숫자

8박자씩 2회하고 두 번째 8박자(마지막)에서 원래대로 양 발을 나란히 서고 양 주먹을 허리 옆에 거두며 중충中冲으로 노궁勞宮을 자극하고 권심拳心은 위로 향한다(사진 69).

〈사진 68〉                    〈사진 69〉

## 3) 요 점

1. 팔의 회전 폭을 최대로 하고 마보馬步자세는 양 다리의 거리를 발 길이의 3배로 하고 발끝은 앞을 향하되 허리는 이완하고 엉덩이 는 곧게 한다.

2. 양 팔꿈치를 서로 모을 때 그 끝을 아래로 떨어뜨리고 손 갈고리 주변과 어깨가 팔꿈치에 의지하도록 한다.

3. 의념意念(생각)은 중충中沖 또는 관충關沖 또는 소충少沖 또는 노궁勞宮 혈에 둔다.

## 1) 동 작

1. 흡기제항하며 중심을 오른 발로 이동하고 오른다리를 반쯤 굽혀 왼발을 옆으로 한 발짝 벌리고 발끝은 앞을 향해 양 다리는 편다. 동시에 양 팔은 안으로 돌려 펴고 양 손은 양쪽 반대팔 쪽으로 손바닥이 어깨에 수평 되게 하며 눈은 좌측을 수평으로 본다(사진 70).

〈사진 70〉

2. 호기송복송학하며 양 무릎을 구부린 마보馬步자세에서 양 팔을 밖에서 안으로 구부려 양손을 어깨 앞에 이르도록 하며 손바닥은 안쪽을 향해 5~8회 턴다(사진 71).

소지小指(새끼손가락)에서부터 차례로 말아 손을 붙이고 겨드랑이 밑에서 손목을 구부리고 몸 뒤쪽 척추 아래로 허리의 신유腎俞(움푹 들어간 허리 뒤쪽 부위)혈 양쪽을 비빈다. 눈은 수평전방을 본다(사진 72).

<사진 71>                              <사진 72>

3. 흡기제항하며 양 팔을 밖에서 안으로 둥글게 돌려 가슴 앞에 이르러 손바닥을 서로 마주보도록 하고 양 손목을 축으로 두 손을 부드럽게 5~8회 턴다. 눈은 수평전방을 본다(사진 73).

4. 호기송복송학하며 중심을 오른발로 이동하고 오른다리를 반쯤 구부려 왼발을 오른발 옆에 붙이고 양 다리를 차츰 편다. 동시에 양 팔을 밖에서 안으로 돌리면서 주먹을 쥐어 허리 옆에 대는데, 권심拳心(손바닥쪽)은 위로 향하고 중충中沖점으로 노궁勞宮을 자극한다. 눈은 수평전방을 본다(사진 74).

5. 5~8까지는 1~4까지와 같으나 반대방향 오른쪽을 기준으로 한다.

〈사진 73〉                〈사진 74〉

## 2) 동작 숫자

8박자씩 두 차례, 두 번째 8박자(마지막)에서 시작할 때처럼 다리를

나란히 서고 양손 중지 끝이 승

장<sup>承漿</sup>(아랫입술 밑 움푹한 곳)

혈 부근을 자극한다. 눈은 수평

전방 또는 가볍게 감는다(사진

75).

## 3) 요 점

1. 양 팔의 회전 폭은 되도록
   크게 하고 팔을 펼칠 때 어
   깨를 으쓱하여야 하며, 양

〈사진 75〉

손을 흔드는 속도는 균일하고 적당이 하되 손으로 물건을 자르
듯이 한다.

2. 발을 벌릴 때 뒤꿈치를 먼저 벌리고, 발을 내릴 때는 앞발바닥을
땅에 먼저 댄다. 어깨, 팔꿈치, 손목을 충분히 이완시킨다.

3. 의념意念은 중충中沖 또는 관충關沖 또는 소충少沖 또는 노궁勞宮혈에
둔다.

## 제5식 상공유이上公揉耳 : 명의 귀 만지기

## 1) 동작

1. 첫 번째 8박자

① 양손중지 안쪽으로 승장承漿(입 가장자리 1cm옆)을 지나 영향
迎香(양쪽 콧망울 끝단),

정명睛明(눈 안쪽 눈물구
멍 부위), 찬죽攢竹(눈썹
안쪽 끝)을 거쳐 미충眉沖
(눈썹위)에 이르러 손바
닥 전체를 얼굴에 댄다
(사진 76).

② 양 손바닥으로 얼굴 양쪽
을 문지르고 가운데 손가
락으로 두유頭維(이마 위

〈사진 76〉

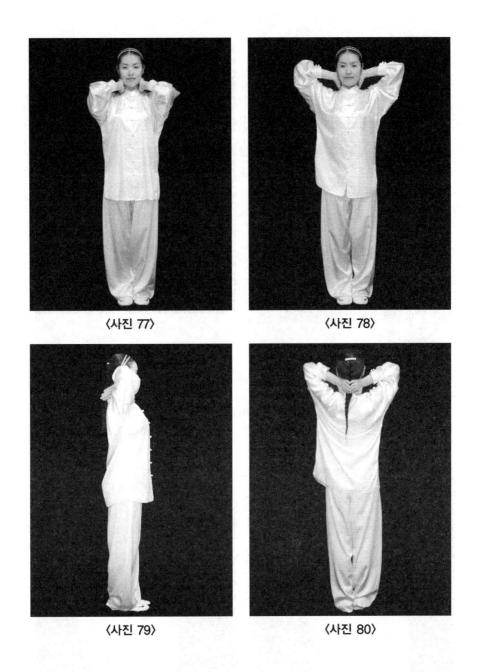

〈사진 77〉 〈사진 78〉

〈사진 79〉 〈사진 80〉

양쪽 끝, 족양명위경락 참조)를 문지르고 계속해서 아래로 내

려 오면서 이문耳門(귀 앞에 위치), 청궁廳宮(귀 앞 입 벌리면 움

푹한 곳), 청회廳會(청궁 아래 움푹한 곳), 협거頰車(입가 1cm

현대 도인양생공 수련법

옆), 대영大迎(아래턱 모서리),등의 혈(족양명위경 참조)을 자극한 후 양 손을 목 양 옆에 댄다(사진 77, 78).

③ 양 손을 목 양 옆에서 뒤로 누르면서 밀어 손바닥 수근부手根部를 목 뒷덜미에 대고 압박한다(사진 77, 78, 79, 80).

〈사진 81〉

④ 양 손 손날로 목 양 옆의 앞쪽으로 비비고 두 손 가운데 손가락을 승장承漿혈 위에 댄다(사진 81).

〈사진 82〉

〈사진 83〉

⑤ 5~8까지는 1~4 까지와 같다.


2. 두 번째의 8박자

① 1~4 박자에서 둘째손가락을 귀 앞쪽 움푹 들어간 곳에 대고
엄지손가락은 귀 뒤에 마주 대어 잡고 앞으로 비틀며 문지른
다. 1박자에 한 차례씩. 5~8박자에서도 같은 요령으로 하되
뒤쪽으로 비틀어 문지른다. 매 박자마다 한차례씩(사진 82,
83).


3. 세 번째의 8박자

① 1~4박자는 엄지손가락으로 예풍翳風(귀 뒤 움푹 들어간 곳)을
양손 식지 끝으로 교감혈交感穴(귓바퀴 아래쪽)을 누르며 앞으

〈사진 84〉　　　　　　　　〈사진 85〉

로 비벼준다. 매 1박자마다 1차례씩.

② 5~8박자에서는 같은 요령으로 뒤쪽으로 비벼준다.

4. 네 번째 8박자

　① 1~4박자는 양손 엄지와 식지 중간마디로 귓바퀴 위쪽을 잡
　　고 위에서 아래로 비비면서 내려와 귓방울을 밑으로 당긴다.
　　1박자마다 1차례씩(사진 84, 85).

5. 식지로 귀 뒤쪽 머리와 연결선에 밀착하고 위쪽으로 문지르며
　　올라간다(사진 86).

6. 같은 요령으로 문지르며 내려온다.

〈사진 86〉　　　　　　　　　　〈사진 87〉

7. 5와 같다.

8. 6과 같다.

## 2) 동작 숫자

8박자씩 4차례 하며 4번째 8박자의 마지막에서는 양손을 내려 몸 옆에 붙이고 눈은 수평전방을 본다(사진 87).

## 3) 요 점

1. 의념意念(생각)은 문지르기 자리에 두뇌 혈자리에 따라서 자극을 조절하고, 손톱은 항시 짧게 깎고 또 의념을 노궁勞宮에도 둔다.
 2. 호흡은 자연스럽고 답답하지 않게 한다.
 3. 저혈압이나 맥박이 너무 느린 사람은 양 손으로 목 옆을 비빌 때 가볍게 해야 한다.

## 제6식 추비고퇴捶臂叩腿 : 팔다리 두드리기

## 1) 동 작

1. 첫 번째 8박자

① 왼발을 옆으로 벌려 서서 전신을 이완弛緩하고 허리를 축으로 몸을 왼쪽으로 돌리면서 오른손을 가볍게 주먹 쥐고 권안拳眼 (주먹 감아쥔 엄지와 식지 안쪽)으로 왼쪽 어깨를 친다. 왼 주

〈사진 88〉                    〈사진 89〉

먹 손등 부위로는 허리의 명문命門(허리 뒤쪽 등줄기 중간)을
친다(사진 88, 89).

② 1과 같으나 몸을 오른쪽으로 돌리고 왼손과 오른손을 바꾼다.

③ 3, 5, 7은 1과 같고 4, 6, 8은 2 와 같으나 양쪽 주먹을 교대로
수태음폐경手太陰肺經(도표 수태음폐경)을 따라 어깨에서 주관
절肘關節까지 두드리면서 내려오되 반대 손의 명문命門혈 치기
는 같다.


2. 두 번째 8박자 : 위와 같으나 수태음폐경의 주관절 부위부터 어
깨로 올라가며 두드린다.


3. 세 번째 8박자 : 양손은 허리에 대고 양 발등을 교대로 무릎 뒤

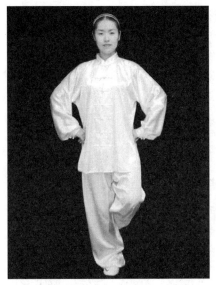

〈사진 90〉 　　　　　　　　　　〈사진 91〉

오금쟁이에서부터 차례로 발뒤꿈치까지 차면서 내려온다(사진 90, 91).

4. 네 번째 8박자 : 위와 같으나 발뒤꿈치로부터 무릎 뒤 오금쟁이까지 교대로 차면서 올라간다.

## 2) 동작 숫자

모두 8박자씩 네차례 하되 마지막에 오른발로 왼쪽 오금쟁이를 찬 뒤 왼발 옆에 나란히

〈사진 92〉

붙이면서 눈은 수평전방을 본다(사진 92).

## 3) 요 점

1. 의념은 두드리는 자리에 둔다.

2. 두드릴 때 호기, 뗄 때 흡기하되 자연호흡을 한다.

3. 허리를 축으로 양팔을 휘두르는데 그 폭은 클수록 좋고 힘은 가볍게 시작하여 점점 무겁게 하며 다리를 칠 때 다섯 발가락은 벌려 땅을 움켜쥐듯이 하며 다리는 약간 굽힌다. 두드리는 혈위는 위중委中(오금쟁이), 승근承筋(위중과 승산 사이), 승산承山(장딴지 중앙), 부양跗陽(발등)혈이다.

## 제7식 고수반근枯樹盤根 : 고목처럼 앉기

## 1) 동 작

1. 흡기제항하며 오른발로 중심을 이동하고 오른다리를 반쯤 굽혀 왼발은 옆으로 벌려 양 다리를 곧게 선다. 동시에 양 팔을 안에서 밖으로 돌리며 양 손바닥은 앞을 향하고 양 팔은 자연스럽게 편다. 눈은 왼손을 본다(사진 93).

2. 호기송복송항하며 중심을 왼발로 옮겨 몸을 오른쪽으로 약간 틀고 오른발이 왼발을 지나 왼발 끝 옆쪽에 놓고 쪼그려 앉는다. 동시에 양 손을 위로 향하다가 얼굴 앞에서 밑으로 내려 누르며

<사진 93>  <사진 94>

다리 옆에서 주먹을 쥐고 손목을 약간 들면서 중충中沖으로 노궁
勞宮혈을 자극한다. 이때 권심拳心은 아래로 향하고 권안拳眼은 안
쪽을 향하며 양 팔은 약간 안으로 돌려 활처럼 구부린다. 눈은
오른쪽 전방을 수평으로 본다(사진 94).

3. 흡기제항하며 몸을 조금 세우고 다시 오른발을 우측으로 벌려
정면을 향해 선다. 동시에 양 주먹을 펴 손등을 서로 마주 대고
아래에서 배 앞을 지나 가슴 앞에 이르면 팔꿈치는 구부려 어깨
와 수평을 이루고 눈은 수평 전방을 본다(사진 95).
계속해서 중심을 오른발로 옮기며 오른다리는 구부리고 왼다리
는 편다. 동시에 양 손 손목, 손벽, 제1지指의 뼈, 제2지 뼈, 제3지
뼈를 차례로 감았다가 손끝을 튕기며 팔을 자연스럽게 펴고 손

〈사진 95〉 　　　　　　 〈사진 96〉

높이와 어깨가 수평이 되도록 한다. 눈은 수평전방을 본다(사진 96).

4. 호기송복송항하며 왼발을 오른발 옆에 붙이고 양 다리를 천천히 펴면서 양 손은 몸 옆에서 단전 앞으로 옮기며 손바닥은 위쪽으로 향하고 손끝을 서로 마주보며 양 팔을 활처럼 둥그렇게 구부린다. 몸과 손 사이의 간격과 손끝 사이의 거리는 약 10cm 정도 되게 하고 눈은 수평전방을 본다(사진 97).

5. 5~8까지는 1~4까지와 같으나 오른발을 오른쪽 옆으로 벌리는 동작만 다르다.

<사진 97>　　　　　　　　　　　　　<사진 98>

## 2) 동작 숫자

8박자씩 두 차례 하며 마지막 8박자에서는 처음 시작할 때처럼 두 발을 모아 서고 양손은 몸 옆에 자연스럽게 붙인다(사진 98).

## 3) 요 점

1. 쪼그려 앉을 때 상체를 곧바로 세우고 발끝은 밖으로 향한다.
2. 손목을 포개고 손가락을 말아 튕기는 동작이 원활해야 하고, 손을 펼친 후에 위로 들지 않아야 된다.
3. 팔다리의 동작이 서로 일치되어야 하며 쪼그려 앉는 다리모양이 고목나무 밑둥걸 같아야 한다. 상지의 손목을 포개고 손가락을 말고 튕기는 동작이 묵은 나뭇가지에서 새싹이 나와 자라는 모양을 나타낸다.

4. 의념意念은 중충中冲 또는 관충關冲 또는 소충少冲 또는 노궁勞宮혈에
   둔다.

## 제8식 평보연환平步連環 : 고리 연결하듯 편하게 걷기

### 1) 동작

1. 첫 번째 8박자

① 흡기제항하며 몸을 왼쪽으로 반쯤 돌리며(45도를 넘지 않도
   록) 양 손으로 척주 양측의 백환유白環俞(엉덩이 선골 하단 부
   위, 도표 방광경락)에서부터 위족 방광유膀胱俞를 거쳐 소장유
   小腸俞, 관원유關元俞, 대장유大腸俞, 기해유氣海俞, 신유腎俞혈 부위까
   지 문지르며 올라가되, 머리와 양 팔은 이완시켜야 하며 손끝

〈사진 99〉

〈사진 100〉

〈사진 101〉　　　　　　　　　　　〈사진 102〉

은 아래쪽을 향하고, 눈은 수평으로 좌전방을 본다(사진 99).

② 호기송복송항하며 오른발로 중심을 이동하고 오른다리는 반쯤 굽혀 왼발을 좌전방 한 발 앞에 딛는데 발뒤꿈치를 먼저 땅에 댄다. 계속해서 중심을 전면 아래쪽으로 실어 왼다리를 땅에 디디고 오른발 뒤꿈치를 들면서 양다리는 편다. 동시에 양손 수근부手根部로 백환유白環兪까지 내려가며 힘주어 비빈다. 눈은 좌전방을 본다.

③ 흡기제항하며 중심을 뒤쪽 아래로 옮기며 왼다리는 펴고 왼발끝은 들어 좌측 허보虛步를 이루고 양손은 척주脊柱 양쪽 가장자리를 따라 비비면서 올라간다(사진 100).

④ 4와 6은 2와 같고 5와 7은 3과 같다.

⑤ 홍기송복송항하며 몸을 정면으로 돌아서서 왼발을 오른발 옆

〈사진 103〉　　　　　　　〈사진 104〉

에 붙이고 양 다리는 바로 세운다. 양 손은 아래로 비벼 내려

가 몸 옆에 붙여 처음과 같이 서서 눈은 수평전방을 본다(사

진 101).

2. 두 번째 8박자 자세는 첫 번째 8박자와 같으나 반대방향 오른쪽

　　을 기준으로 한다.

3. 세 번째의 8박자는 양 발을 모아 서서 양손을 서로 포개어 노궁勞

　　宮과 노궁이 겹쳐지고, 왼손이 안쪽으로 가도록 하여 눈은 수평

　　전방을 본다(사진 102).

　　① 흡기제항하며 몸을 왼쪽으로 반쯤 돌리고 양손을 서로 포개

　　　어 관원關元(아랫배 중간)에서부터 중완中脘(윗배 중간)을 거쳐

〈사진 105〉 　　　　　　 〈사진 106〉

전중膻中(가슴 양젖꼭지 중간)을 비벼 올라가 천돌天突(목 중간에 움푹한 곳)에 이른다. 눈은 수평 전방을 본다(사진 103).

② 호기송복송항하며 오른다리를 반쯤 굽혀 왼발을 한 발 앞에 뒤꿈치를 먼저 땅에 대고 중심을 아래로 낮추며 계속해서 오른발 뒤꿈치는 들고 양 다리는 편다. 동시에 양 손은 서로 겹쳐 천돌天突에서부터 관원關元까지 아래로 비비면서 내려온다. 눈은 수평으로 좌측 전방을 본다(사진 104).

③ 흡기제항하며 중심을 천천히 오른발로 옮기며 오른발 뒤꿈치를 땅에 대고 다리는 구부린다. 왼다리는 펴고 왼 발끝은 들어 양 손을 서로 겹쳐 관원關元에서부터 차례로 천돌까지 올라가며 문지른다. 눈은 수평으로 좌전방을 본다(사진 105).

④ 4와 6은 2와 같고 5, 7은 3과 같다.

⑤ 몸을 바로 세워 처음과 같이 서고 양 손은 관원關元까지 비비고 나서 몸 옆에 내려 자연스럽게 붙인다(사진 106).

4. 네 번째 8박자는 세 번째 여덟 박자와 같으나 반대방향 오른쪽 기준으로 반쯤 돌리고 양 손을 서로 겹치되 오른손이 안으로 들어가도록 한다.

## 2) 동작 숫자

모두 네 차례 8박자이고 마지막 8박자에서 양 손이 관원關元(아랫배 중앙)혈 부위를 비비고 그 자리에 잠시 멈추었다가 양 손을 몸 옆에 내려 나란히 선다.

## 3) 요 점

1. 생각을 집중하고 손바닥은 밀착하여 등을 문지를 때 의념을 명문命門(배꼽 반대쪽)에 둔다. 배와 가슴을 문지를 때는 의념을 단전丹田(아랫배 부위)에 둔다.

2. 발끝과 발뒤꿈치를 확실히 들어야 하고 매차의 1박자에서는 몸을 바르게 세우고 기氣가 위로 올라가게 하며 2박자에서 발을 벌릴 때는 다리를 밑으로 구부려야 한다.

3. 중심을 앞으로 옮길 때는 둥근 선이 되게 하고 몸은 똑바로 유지하되 앞으로 구부리거나 뒤로 젖히지 않아야 하며 좌우로 기울어서도 안된다.

# III. 익기양폐공 益氣養肺功

## 1. 익기양폐공의 효과 및 개요

익기양폐공益氣養肺功은 인체人體의 기氣를 증강하고 폐肺의 기능을 향상시키는 목적으로 만들어진 것이기 때문에 일반적인 감기 증상, 급만성 기관지염, 폐기종肺氣腫 등 호흡기 질환의 예방과 치유治癒 효과가 크다. 중국의 자료에 의하면 실제로 35명의 기관지염 환자와 28명의 폐기종 환자, 40명의 일반 감기환자, 5명의 폐결핵 환자 등 108명에게 익기양폐공益氣養肺功을 수련시킨 결과 환자 모두에게서 증상이 개선되는 효과가 있었다. 특히 38℃의 비교적 열이 낮은 감기환자의 경우는 3~5일의 수련으로 즉시 치유되었다.

만성기관지염 환자의 경우 매일 익기양폐공益氣養肺功을 수련하였을 경우 88.6%가 개선 효과를 보였으며, 그 중 현저하게 증상이 개선된 경우는 45.7%에 달해 익기양폐공益氣養肺功이 기관지 계통 질환에 탁월한 효과가 있는 것이 검증되었다. 또한 일반인이 익기양폐공을 3개월 수련한 후에는 폐활량이 평균 500~800cc 증가되어 폐기능 향상에 최적의 공법임이 입증되었다.

폐기종肺氣腫의 경우 익기양폐공을 9개월 수련한 결과 그 증상이 유효하게 개선된 예는 92.6%에 달했으며, 그중 현저하게 증상이 개선된 경우는 53.6%에 달했으며, 수련자 모두가 평균 579.4cc의 폐활량이 증가하였다.

폐결핵의 경우 1982년 하절기부터 9개월 동안 환자 5명에 대하

여 하루에 30분간 수련을 한 결과 80%가 증상이 개선되었으며, 그
중 현저하게 증상이 개선된 경우는 60%에 달하였다(중국자료참조).

## 2. 익기양폐공益氣養肺功의 특징

### 1) 의수상양意水商陽 면면약존綿綿若存

상양商陽혈은 엄지손가락의 손톱 아래쪽에 위치한 수태음폐경의 끝
나는 경혈이며 이어서 수양명대장경으로 연결되는 폐경의 주요 경
혈이다. 익기양폐공을 수련하는 동안 상양商陽혈에 마음을 집중하
여 공법의 목표인 호흡기 기능의 강화를 이루라는 것이다. 익기양
폐공은 몸의 동작과 호흡과 의식을 집중하여 수련하는 기공氣功 공
법功法이다. 수련 시에 마음을 집중한다는 것은 그곳으로 기氣가 모
여들고 생명력이 활성화된다는 의미이다. 심기혈정心氣血精, 즉 마음
이 가는 곳에 기氣가 모이고 기氣가 모이면 생리적인 활동이 원활해
진다는 원리이다.

　면면약존綿綿若存은 노자老子의 도덕경道德經 6장에 나오는 유명한 구
절이다. 실처럼 끊어짐이 없이 가늘고 균등하게 호흡하라는 이야
기인데 특히 내쉬는 숨에 해당되는 말이다. 내쉬는 숨이 길면 들이
마시는 숨은 저절로 되어진다. 흔히 들이마시는 숨에 욕심을 내어
오래하려고 욕심을 내고, 또 무리하게 오래 참으면 뇌세포가 손상
되는 등의 부작용이 따른다. 모든 호흡의 능력은 내쉬는 숨에 있다
는 것이 정설이다. 마음을 집중하는 것도 내쉬는 숨을 길게 하며

해야 기氣가 많이 모이게 된다. 그리고 들이마시는 숨은 내쉬는 숨이 길으면 저절로 들어오게 되어 있다.

## 2) 복식호흡腹式呼吸 경흡중호輕吸重呼

익기양폐공益氣養肺功의 특징 중의 하나는 복식호흡腹式呼吸과 경흡중호輕吸重呼의 호흡 방법이다. 복식호흡은 배의 근육을 움직여서 횡경橫經막을 신축伸縮시키면서 하는 호흡방식으로 흉곽운동이 주가 되는 흉식호흡胸式呼吸에 대응하는 말이다. 복식호흡 시에는 복압腹壓이 생긴다. 호흡운동은 흉곽이 확대되고 횡격막이 수축하는 것으로 이루어지나 특히 횡격막의 운동이 주가 되는 것을 횡격막호흡이라 하고, 복압腹壓이 생기는 점에서 복식호흡이라고 한다. 복식호흡은 흉곽운동이 주가 되는 흉식호흡胸式呼吸에 대응하는 말이기도 하다. 복식호흡의 특징을 정리하면 다음과 같다.

- 숨을 들이 마실 때에 횡격막을 최대로 아래로 밀어 폐가 차지하는 공간을 최대로 넓혀주어서 들어 마시는 공기의 양을 최대로 하려는 것이다.
- 숨을 내 쉴 때에는 횡격막을 최대로 끌어 올리고 복부를 최대한 수축함으로 폐가 차지하는 공간을 최소화시켜 폐 속의 탁기를 최대한 배출하려는 것이다.
- 따라서 복식호흡을 계속할 경우 호흡의 능력이 뛰어나게 되어 폐활량의 증가가 현저하다.

• 복식호흡을 통하여 복근腹筋이 형성되고 복부 전체가 수축收縮
과 이완弛緩을 반복하기 때문에 내장기관의 운동이 활발해져서
소화력의 활성과 장 기능의 증대를 가져와 신진대사의 능력
강화와 내장의 비활성화를 예방할 수 있다.

두 번째, 경흡중호輕吸重呼는 들이 마시는 숨을 가볍게 여기고 내
쉬는 숨에 중점을 두라는 것이다. 먼저 앞의 면면약존綿綿若存의 해
설에서 설명하였듯이 내쉬는 숨에 중점을 둠으로 들이 마시는 숨
은 저절로 되도록 수련하라는 것이다. 들이 마시는 숨에서는 심신
心身이 경직硬直되고 내쉬는 숨에서 심신心身은 이완弛緩된다. 심신의
경직은 활성산소를 발생시켜 노화老化를 촉진하고 에너지의 과소비
가 이루어지는 반면에 내쉬는 숨은 육체肉體와 마음이 동시에 이완
弛緩되어 평온한 상태가 되며 모든 생체의 기능이 조화調和를 이루게
되어 생명력이 연장되고 향상되는 효과가 있다.

## 3) 순경작세循經作勢 선비전항旋臂轉頸

순경작세循經作勢의 의미는 공법을 수련할 때 익기양폐공의 주요 경
락인 수태음폐경과 수양면대장경에 중점을 두고 자세와 동작을 취
하라는 것이다. 익기양폐공은 폐肺의 기능을 개선하여 폐가 주관하
는 기氣를 향상시키는 것이 목적이므로 폐肺와 관련이 있는 폐경肺經
과 폐경과 표리表裏를 이루는 대장경大腸經이 주로 자극이 되도록 공
법이 만들어진 것이다. 그래서 익기양폐공을 수련하면 3~5일 만에

가벼운 감기 증상은 치유가 되고, 다른 호흡기 계통의 질병도 치유의 효과가 있는 것이다. 먼저 의수상양意水商陽의 의미도 폐경肺經의 중요한 경혈인 상양商陽혈에 마음을 두라고 한 것이다.

선비전항旋臂轉頸은 어깨를 돌려주고 목을 움직여서 어깨의 경직硬直을 이완시키고 목을 부드럽게 하여 어깨와 목을 경유하는 폐경과 대장경의 흐름을 원활하게 하라는 것이다. 현대인의 특징은 컴퓨터를 오래하고 운전運轉을 많이 함으로 인해서 대부분 어깨와 목이 심하게 굳어져 있다. 그래서 감기에 많이 노출되고 오십견 등의 어깨 질환과 목 디스크 등의 질환이 많은 것이다. 특히 목의 지주에 해당하는 경추頸椎는 뇌腦에서 몸으로 흐르는 중추신경中樞神經이 지나가는 곳으로 경추頸椎의 손상으로 사지四肢가 마비되는 현상에까지 이르는 경우가 허다하다. 목이 건강하고 부드러워야 하는 것은 새삼 강조가 필요없는 상식적인 사항이다.

익기양폐공益氣養肺功의 여덟 동작 모두가 어깨와 목 또는 각각 자극을 주고 운동을 시키는 것으로 구성되어 있다. 따라서 수련시의 효과가 탁월할 것이라는 것은 동작의 구성만 보아도 익히 알 수 있다.

## 4) 순경취혈循經取穴 이지대침以指代針

순경취혈循經取穴 이지대침以指代針은 경락에서 경혈을 취하여 손가락으로 침針을 대신하라는 의미이다. 언급한 바와 같이 익기양폐공益氣養肺功은 두 개의 경락을 주로 자극하는데 폐경肺經과 표리表裏관계를 이루는 대장경大腸經이다. 폐경은 11개의 경혈이 모여 경락을 이루는데, 좌우를 합치면 22개의 경혈이고, 대장경은 20개의 경혈이 모여 경락을 이뤄 좌우를 합치면 40개의 경혈이 된다. 앞서 경혈의 각론에서 살펴보았듯이 익기양폐공益氣養肺功의 목적이 되는 두 경락은 모두 62개의 경혈이 있고 각 경혈마다 이름의 의미와 위치와 적응適應점이 있다. 예를 들어 공법의 제1동작의 명칭이 간욕영향干欲迎香이다. 이는 엄지손가락으로 코 밑에 위치한 영향迎香혈을 비벼주어 마치 침針을 놓는 것처럼 하라는 것이다. 영향迎香혈을 자극하면 코 막힘, 코피, 구안와사, 축농증, 안면 신경마비 등에 잘 듣는다. 그리고 제 4 동작 경주평도輕舟平渡와 제 5 동작 졸동세의拙童洗衣에서는 소상少商과 상양商陽혈을 집중적으로 자극하여 천식喘息과 기관지염氣管支炎, 폐염肺炎 등을 예방하고 치료할 수 있다.

## 5) 지지정중指趾井重 요배겸수腰背兼修

익기양폐공益氣養肺功의 수련 시에는 팔목과 손가락을 규칙적으로 운동하는 것을 강조하고 있다. 엄지손가락의 운동을 통하여 수태음폐경의 소상少商혈이 자극되고 검지손가락의 운동을 통하여 수양명대장경의 상양商陽혈이 자극된다. 이렇게 손목과 손가락의 자극을 통하여 해당 경락의 소통이 원활해 져서 그 경락이 담당하고 있는 인체의 생리기능이 강화되는 것이다. 손에는 이외에도 수궐음심포경手厥陰心包經, 수소양삼초경手少陽三焦經, 수소음심경手少陰心經, 수태양소장경手太陽小腸經의 경락이 흐르고 있어서 손목과 손가락을 운동하는 것은 인체 전체 생리능력을 향상시켜준다.

또한 발가락을 많이 운동시키고 자극을 주어서 발로 흐르는 경락, 즉 족양명위경足陽明胃經, 족태음비경足太陰脾經, 족소음신경足少陰腎經, 족태양방광경足太陽膀胱經, 족궐음간경足厥陰肝經, 족소양담경足少陽膽經의 6개의 경락이 흐르고 있다. 발과 발가락 그리고 발 전체를 규칙적으로 운동하고 자극을 주는 것은 소화기능을 비롯한 간과 신장의 기능을 향상시켜 노화를 지연시키며, 전체적인 생명력이 활성화되는 효과가 있다.

요배겸수腰背兼修는 허리와 등을 같이 수련하라는 의미인데 이는 척추脊椎를 바르게 하고 강화시켜 주라는 의미이다. 척추는 중추신경의 다발이 흐르고 골반의 지지를 받아 몸통을 바로 세우는 중요한 곳이다. 척추의 이상은 전신마비와 반신마비, 심지어는 언어의 장애도 초래하는 매우 중요한 기관이다. 특히 인체의 양맥陽脈을 통솔하는 독맥督脈이 흐르고 있는 곳이다. 익기양폐공益氣養肺功의 모든 동작마다 척추를 바로 세우고 바로 틀어주고 바로 굴신屈伸하여 척추를 통하여 중추신경中樞神經이 바로 흐르고, 독맥督脈이 바로 흘러서 인체의 생리기능의 활성화를 기해야 할 것이다. 특히 제6식의 선전천주旋轉天柱 동작은 등과 허리를 강조하는 공법으로 수련을 통하여 신장腎臟의 기운이 독맥督脈을 타고 바로 흐르게 하여 신기腎氣가 왕성하여지면 정력精力이 강화되어 신체가 건강해 지는 효과가 있다.

## 3. 익기양폐공 수련법

익기양폐공益氣養肺功은 감기, 급성·만성 기관지염, 폐기종 등 호흡계통의 질병을 예방치료하는 도인공이다. 중국의 자료에 의하면 65예 기관지염, 78예 폐기종, 5예 폐결핵, 88예 감기를 임상관찰한데 의하면 일정한 치료효과가 있다는 것이 증명되었다. 감기환자로서 체온이 38℃ 이하인 자는 약을 쓰지 않고 연공만으로 완치하였다(3~5일). 만성기관지염 환자는 여름부터 연공을 하였는데 98.6%가 효과를 보았다. 그 중 효과가 뚜렷한 환자는 85.7%였다. 폐기종 환자는 5개월 연공하였는데 92.6%가 효과를 보았고 그중 83.6%의 환자는 효과가 뚜렷하였다. 폐결핵 환자는 80%가 효과를 보았는데 그중 60%의 환자는 효과가 뚜렷하였다.

- 의념은 상양商陽에 두고 연결시키며,
- 복식腹式은 길게 하되 흡기는 가볍게, 호기는 무겁게,
- 경락순환자세, 팔회전 목돌림
- 경락순환침형을 짚되 손가락을 침으로
- 손가락과 발가락에 힘을 주어 허리와 등을 함께 단련한다.

**제1식 간욕영향干浴迎香 : 영향혈 열고 닫으면서 문지르기**

### 1) 준비자세

두 발을 모으고 서서, 가볍게 주먹을 쥐고, 두 엄지손가락 등으로

영향[1]혈을 누른다.

〈사진 107〉

## 2) 동작

### 1. 첫 번째 8박자

① 흡기제항하며 두 엄지손가락 등으로 영향혈(수양명대장경 소속)부터 정명[2]혈(족태양방광경 소속)까지 코 양측을 따라 지긋이 눌러주면서 올라간다(사진 107).

② 호기송복송항하며 두 엄지손가락 등으로 다시 영향혈까지 내려오면서 안마한다. 3, 5, 7은 1과 같고 4, 6, 8은 2와 같다.


### 2. 두 번째 8박자

① 흡기제항吸氣提肛하며 왼쪽 엄지 등으로 영향혈을 누른다. 이때 몸을 왼쪽으로 천천히 끝까지 돌리면서 왼쪽 콧구멍을 막고 오른쪽 콧구멍으로만 숨을 쉰다(사진 108).

1) 영향(迎香) : 迎은 氣를 맞이한다는 뜻이고, 香은 냄새이니 氣가 코를 뚫어 냄새를 맞게 한다는 뜻이다. 주치 : 비폐, 치통, 후각이상, 콧물, 안면신경마비
위치 : 비익방 5푼, 비순구중 수양명대장경 소속
2) 정명(睛明) : 睛은 검은 눈동자요, 明은 밝히는 불이므로 눈을 밝고 잘 보이게 한다는 뜻이다.
주치 : 안질환, 삼차신경통, 색맹(色盲), 야맹, 목적종병(目赤腫病)
위치 : 눈을 감으면 내안각의 상방 0.1촌에 위치한다. 족태양방광경 소속

〈사진 108〉                       〈사진 109〉

② 호기송복송항呼氣松腹松肛하며 왼쪽 엄지의 힘을 늦추고, 몸을 다시 정면으로 돌리면서 양쪽 콧구멍으로 숨을 쉰다. 3은 1과 같고 4는 2와 같으며 방향만 달리한다. 5는 1과 같고 6은 2와 같고 7은 3과 같고 8은 4와 같다.

8박자를 2~4회 실시한다. 마지막 8박자의 마지막 박자에서 두 손을 배 앞으로 옮겨오되 손바닥은 위로 향하고 눈은 수평으로 앞을 내다본다. 의념은 상양[3] 수양명대장경에 둔다(사진 109).

---

3) 상양(商陽) : 商은 肺이고, 상은 음률인데, 陽은 양기가 발생한다는 말이다.
　주치 : 중풍, 인통, 미친병, 간질, 심통, 손떨림
　위치 : 검지손톱 안쪽 각 0.1촌에 위치. 수양명대장경 소속

## 2) 동작 숫자

8박자를 2~4회 한다. 마지막 8박자에서 두 손을 복부로 옮겨 오며 손바닥은 위로 향하게 하고 눈은 전방을 내다본다.

## 3) 요 점

1. 복식 호흡을 길게 한다.
2. 숨을 들이 마실 때는 가볍게, 숨을 내쉴 때는 무겁게 한다.
3. 숨을 들이 마실 때에는 상체를 약간 뒤로 젖히고, 숨을 내쉴 때는 상체를 약간 앞으로 굽힌다.

## 제2식 단비경천單臂擎天 : 한 팔로 하늘 받치기

## 1) 동 작

1. 흡기제항하며 몸을 왼쪽으로 돌린 후에 몸의 중심을 오른쪽 다리로 옮기면서 오른다리를 약간 굽히고, 왼발을 약간 왼쪽 뒤로 옮기며 왼 다리를 굽혔다가 오른다리를 편다. 이때 오른발 뒤꿈치를 땅에 대고 허보한다. 오른손은 배 앞에 그대로 두고, 왼손을 위로 가슴 앞까지 들어올리고(손바닥은 위로 향한다), 눈은 왼손을 본다(사진 110).

2. 호기송복송항하며 몸을 오른쪽으로 돌리면서 오른다리를 약간 가운데 앞으로 옮기고, 오른발 끝을 땅에 대고 허보한 후 두 다

<사진 110>　　　　　　　　　　<사진 111>

리를 모두 편다. 왼손바닥은 위쪽을 향하여 받쳐 들 듯하고(번장), 오른손은 골반 옆에서 손바닥을 아래로 지긋이 눌러준다. 이때 손끝은 앞을 향하고, 그리고 양 팔은 부드럽게 호를 그린다. 시선은 오른쪽을 수평으로 바라본다(사진 111).

3. 흡기제항하며 중심을 아래로 가라앉히고 오른발을 오른쪽 앞으로 반보 내디뎌 양 팔을 자연스럽게 피며 손바닥은 아래로 향해 어깨 아래에 놓는다. 눈은 돌려 앞을 본다(사진 112).

4. 호기송복송항하며 왼발을 오른발 옆에 붙이면서 두 다리를 곧게 편다. 동시에 두 손을 아랫배 앞으로 가져와 손바닥은 위로 향하고 눈은 수평전방을 본다(사진 113).

<사진 112>　　　　　　　　　　　<사진 113>

5. 5~8은 1~4와 같으며 반대방향 오른쪽을 기준으로 한다.


## 2) 동작 숫자

8박자로 두 번 반복한다.


## 3) 요 점

1. 동작과 동작을 부드럽게 이어주며, 팔과 다리의 동작이 서로 조
   화로워야 한다.

2. 고개를 충분히 돌린다.

3. 의념은 상양에 둔다.

## 1) 동작

1. 흡기제항하며 몸의 중심을 오른쪽으로 옮기면서 오른다리를 굽혀 왼다리를 왼쪽으로 어깨 너비로 벌린 후 두 다리를 곧게 편다. 이때 양 손바닥을 아래로 하여 호형을 그리면서 어깨 높이까지 대★자 형으로 올린다. 눈은 왼손을 본다(사진 114).

2. 호기송복송항하며 양 발은 움직이지 않고 양팔을 안으로 돌려 가슴 앞으로 가져와 양손목을 서로 X자형으로 교차시킨다. 이때 왼팔을 안쪽에 둔다. 양 손바닥은 모두 안으로 향한다(손과 가슴 사이는 30cm). 눈은 수평정면을 본다(사진 115).

3. 흡기제항하며 다리는 움직이지 않고 고개를 돌려 왼쪽을 바라본다. 동시에 왼손은 엄지와 검지는 그대로 둔 채 나머지 손가락을 살짝 굽힌 후 왼손목을 돌려 왼손 바닥이 앞을 향하도록 한다. 양 손목의 안쪽을 서로 맞댄 후 왼손을 앞쪽으로 밀어주며 오른손은 움직이지 않는다. 이때 왼쪽 손목 바깥쪽 측면을 오른손목

4) 태연(太淵) : 太는 큰 氣를 뜻하고, 淵은 연못을 말한다. 즉 좋은 입속의 액체라는 뜻이다.
   주치 : 수관절염, 류마치스, 호흡곤란, 건초염
   위치 : 요골동맥 위에서 손목의 주름과 교차하는 부위. 수태음폐경의 원혈

〈사진 114〉　　　　　　〈사진 115〉

에 있는 태연[4] 혈에 지그시 누른다. 시선은 왼쪽 앞을 바라본다 (사진 116).

4. 호기송복송항하며 몸의 중심을 오른쪽으로 옮기면서 오른쪽 무릎을 절반 굽혀 왼발을 오른발에 가져다 붙이고 두 다리를 곧게 편다. 동시에 양손을 펼쳐 손바닥을 아래로 향하게 하고 두 팔은 자연스럽게 어깨 높이에서부터 엉덩이 옆으로 내린다. 눈은 수평정면을 보고 5~8은 1~4와 같으며 반대방향 오른쪽을 기준으로 하며 의념은 상양에 둔다(사진 117).

## 2) 동작 숫자

8박자로 두 번 반복한다.

<사진 116>          <사진 117>

### 3) 요 점

1. 의념은 상양에 둔다.

2. 숨을 들이 마실 때는 가볍게, 내쉴 때는 무겁게 쉰다.

3. 두 손을 안으로 돌려 밖으로 나갈 때, 엄지와 식지에 힘을 주고 기타 부위는 힘을 푼다.

4. 어깨와 팔에 힘을 빼고, 동작은 크게 하며, 머리를 돌려 달을 보는 느낌으로 동작을 한다.

## 제4식 경주평도 輕舟平渡 : 적은 배 노 젓기

### 1) 동 작

1. 흡기제항하며 몸을 45도 왼쪽으로 돌리고, 양손은 가볍게 주먹

〈사진 118〉　　　　　　　〈사진 119〉

을 쥐어 이때 엄지의 소상[5]과 검지의 상양을 서로 붙이고, 복부에서 가슴까지 가운데를 따라 위로 올라간다. 손바닥은 아래로 향하고 눈은 왼쪽 전방을 바라본다(사진 118).

몸의 중심을 오른쪽으로 옮기고 오른다리를 절반 굽혀 왼발을 왼쪽 앞으로 내디뎌 발뒤축을 땅에 대는 허보한다. 눈은 수평으로 왼쪽 앞을 내다본다(사진 119).

2. 호기송복송항하며 몸의 중심을 왼쪽 앞으로 옮기면서 왼쪽 무릎을 굽힌다(무릎은 발끝까지만 굽히도록 한다-궁보). 소상과 상

5) 소상(少商) : 少는 작은 기가 있다는 뜻이고, 商은 음률같이 조용히 흐른다는 뜻이다.
　주치 : 인통, 비행기, 배멀미, 중풍, 수지연병(手指攣病)
　위치 :엄지손가락의 바깥쪽 각 0.1촌에 위치. 수태음폐경 소속

〈사진 120〉 〈사진 121〉

양에 힘을 주어 서로 누른 다음 두 주먹을 펴는 동시에 왼쪽 앞
에서 호형을 그리면서 팔을 편다. 손바닥은 아래를 향하고 눈은
손의 움직임을 따라 움직인다(사진 120).

3. 흡기제항하며 다시 소상과 상양을 붙인 채 두 손은 가볍게 주먹
을 쥐면서, 아래로 호형을 그려 복부에 왔다가 다시 가슴까지 올
라간다. 몸을 정면으로 돌리면서 중심을 오른쪽 다리로 이동하
여 왼발 끝을 든 채 허보를 하고 다시 몸을 왼쪽으로 돌린다. 양
손바닥은 아래로 향하고, 눈은 왼쪽 정면을 바라본다(사진 121).

4. 4와 6은 2와 같고, 5는 3과 같다.

5. 흡기제항하며 양손을 새끼손가락부터 감아올리기 시작해서 구부려 소상과 상양을 붙인다. 중심을 뒤로 옮기고, 양손을 배 앞에서 가슴까지 위로 지나 몸을 오른쪽으로 돌려 정면을 바라보면서 양팔을 어깨 높이에서 앞으로 편다. 눈은 수평 전방을 본다 (사진 122).

〈사진 122〉

6. 호기송복송항하며 왼발을 오른 발 옆에 붙이고 두 다리는 핀다. 양 손은 자연스럽게 내려 몸 옆에 붙이고 눈은 수평 정면을 바라보고 그 다음 8박자는 방법은 같고 방향만 반대로 오른쪽 기준으로 한다.

## 2) 동작 횟수

8박자를 2 ～4번 반복한다.

## 3) 요 점

1. 허보 할 때에는 허리에 힘을 약간 뺀다.
2. 두 손은 노 젓는 것처럼 한다.

3. 의념은 상양에 둔다.

4. 복식 호흡을 할 때 숨을 들이 마실 때는 가볍게, 내쉴 때는 무겁게 한다.

## 제5식 졸동세의拙童洗衣 : 동자 서둘러 옷 빨기

## 1) 동작

1. 흡기제항하며 왼발을 땅에서 약간 떼면서, 몸의 중심을 오른 다리로 옮기고 오른 다리를 약간 굽힌다. 동시에 소상과 상양을 서로 붙이고 세 손가락은 가볍게 굽혀서 주먹을 쥔 채 두 팔을 안으로 돌린다(중충[6]을 노궁[7]에다 붙인다). 계속해서 왼발을 왼쪽

〈사진 123〉

---

6) 중충(中衝) : 中은 가운데 손가락, 衝은 통한다는 것이니 氣穴이 손가락 중앙을 통과한다.
　　주치 : 심통, 라이네르병, 중지마비
　　위치 : 중지의 첨단의 중앙부 조갑각에서 01.촌이다. 수궐음심포경 소속.
7) 노궁(勞宮) : 勞는 힘든 일을 하는 기운이다. 宮은 거대한 집이니 손의 기가 다 모여야 할 집이다.
　　주치 : 심통, 수장다오병(手掌多汚病), 심근염, 탄발지, 흉통
　　위치 : 손바닥에서 제 2, 3 중수골 사이 중앙에 있다. 수궐음심포경 소속.

〈사진 124〉 〈사진 125〉

으로 평행 이동하고, 천천히 중심을 왼발로 옮긴다. 주먹을 쥐고 양 팔을 자연스럽게 펴서 안쪽에서 바깥쪽 뒤로 천천히 돌리면서 어깨 높이까지 올린다. 눈은 왼쪽 주먹을 본다(사진 123).

2. 호기송복송항하며 오른발을 왼발의 뒤에 두고 두 다리는 약간 굽힌다. 양손은 주먹을 펴고, 양 팔은 위로 호형을 그리면서 팔 꿈치를 굽혀 양손이 어깨 앞까지 오도록 한다. 이때 양손 바닥은 앞을 향하도록 하고 눈은 수평전방을 바라본다(사진 124). 이어서 두 다리의 무릎과 오금이 맞물려 헐보로 앉고, 동시에 양 손은 먼저 아래로 향하고(손목을 옷의 앞섶에 붙여서), 그다음 앞쪽 아래로 누르듯이 호형을 그리며 내려가 양 다리 측면에 놓는다. 눈은 양손을 바라본다(사진 125).

3. 흡기제항하며 양무릎을 천천히 피면서 일어서고, 양손은 약간 앞쪽 아래에 놓는다. 주먹을 쥐어서 중충을 노궁에, 소상과 상양을 서로 붙이고, 끌어올리듯 하면서 어깨 높이까지 든다. 양 팔은 팔꿈치를 내려 자연스럽게 펴고, 손바닥은 아래로, 상체는 바로 세운다. 눈은 수평전방을 바라본다(사진 126).

4. 호기송복송항하며 몸을 왼쪽으로 30도 돌린다. 동시에 양 팔을 어깨 앞에서 구부리고, 주먹을 펴서 손바닥은 앞쪽 아래로 누르듯이 내린다. 눈은 양손을 바라본다. 나머지는 2와 같다(사진 125).

5. 5는 3과 같으며 몸만 왼쪽으로 30도 돌린다.

〈사진 126〉

〈사진 127〉

6. 6은 4와 같으며 몸만 왼쪽으로 60도 돌린다.

7. 흡기제항하며 몸을 오른쪽 정면으로 천천히 돌리고, 양 손은 소상과 상양을 붙여 주먹을 쥔다. 양 팔은 안쪽에서 바깥쪽으로 돌려 옆으로 벌리고, 오른발을 옆으로 1보 내디딘다. 중심을 오른쪽으로 옮기고, 오른 다리를 약간 굽히면서 왼쪽 다리를 피고 양 손은 천천히 어깨 높이까지 올려 주먹의 바닥은 아래로 향한다. 눈은 왼쪽 주먹을 본다(사진 127).

〈사진 128〉

8. 호기송복송항하며 왼쪽 발을 오른쪽 발에 붙이고 두 다리를 편다. 소상과 상양을 서로 누른 다음 손을 펴면서, 손을 얼굴 양측에서 몸 양측으로 내리고 차렷 자세로 선다. 눈은 수평전방을 본다(사진 128).

## 2) 동작 횟수

8박자씩 4회 반복한다. 두 번째 8박자는 첫 번째 8박자와 같으며 반대방향 오른쪽을 기준으로 한다.

## 3) 요 점

1. 숨을 들이 마실 때는 가볍게, 내쉴 때는 무겁게 한다.

2. 의념은 상양에 둔다.

3. 팔은 몸 따라 자연스럽게 움직인다.

4. 다리를 옆으로 벌릴 때, 발끝을 밖으로 향하게 하여 벌리며 동작
   은 자연스럽게 이어서 한다.

## 제6식 시전천주旋轉天柱 : 기둥(척추) 돌려 바로 세우기 ‖

## 1) 동 작

1. 흡기제항하며 몸을 천천히 왼쪽으로 90도 돌리고 양팔을 안쪽
   으로 돌리면서 손등을 몸 옆에 붙인다. 눈은 왼쪽 뒤를 바라보고
   계속해서 양손을 벌려 어깨 높이까지 올리고 머리는 몸을 따라
   같이 돌리고 눈은 왼쪽 손을 바라본다(사진 129).

2. 호기송복송항하며 두 다리는 약간 구부리고 양손을 새끼손가락
   부터 감아올리고, 팔꿈치를 굽혀 손가락을 겨드랑이 밑에 넣고
   등 옆을 손등으로 쓸어 내린다. 손바닥은 뒤를 보고, 두 팔은 천
   천히 아래로 편다. 눈은 왼쪽 뒤를 바라본다(사진 130).

3. 흡기제항하며 두 다리는 천천히 펴고, 양 손을 안쪽으로 돌려 손
   바닥이 하늘을 받치듯 하고[托掌], 양 팔을 자연스럽게 펴고 팔

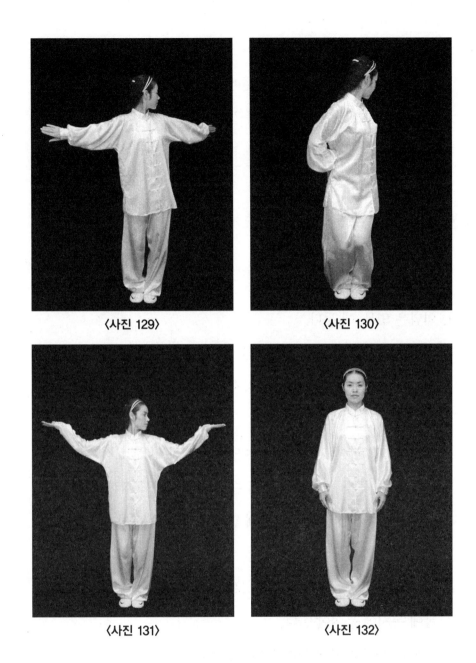

〈사진 129〉                      〈사진 130〉

〈사진 131〉                      〈사진 132〉

꿈치는 약간 굽혀 어깨 높이까지 올린다. 눈은 왼손을 바라본다.

동작을 계속 하면서, 몸통을 정면으로 돌리고 팔 모양은 변하지

않는다(사진 131).

4. 호기송복송항하며 양 팔을 안으로 돌려 앞으로 펴고 양 손은 아래로 내려 차렷 자세를 한다. 손바닥은 아래로 향하고 5~8은 1~4와 같으며 반대방향 오른쪽을 기준으로 한다(사진 132).

## 2) 동작 횟수

8박자로 두 번 반복한다.

## 3) 요 점

1. 의념은 명문[8]에 둔다.

2. 첫 번째 한 박자는 머리와 몸을 돌리는 각도를 크게 하고, 상체는 앞으로 숙이거나 뒤로 제치지 않아야 하며, 먼저 팔과 몸을 돌린 다음에 손을 탁장托掌한다.

3. 두 번째 양 팔이 겨드랑이 밑에 꽂듯이 하고, 반드시 손가락을 구부려서, 옷을 스침과 동시에 손목과 팔꿈치를 함께 돌려야 한다. 더불어 약간 굽히면서 몸에 팔을 붙이는 동작이 일치 되어야 한다.

4. 무릎을 펴고 탁장托掌(손바닥으로 하늘을 바치듯 함)할 때 팔을 몸에 동시에 붙여야 한다.

5. 양손을 아래로 떨어뜨릴 때 기침단전한다.

---

8) 명문(命門) : 命은 생명이기에 중요하다. 門은 출입을 뜻하기에 생명의 기가 출입한다.
　주치 : 요통, 신질환, 소아병 일절
　위치 : 제2요추 극돌기 아래에 있다. 독맥 소속.

## 1) 동 작

1. 흡기제항하며 몸을 왼쪽으로 45도 돌리고 양손을 옆으로 벌려 어깨 높이까지 올리고 양 팔을 펴준다. 다시 양 팔을 바깥쪽으로 돌려 손바닥을 위를 바라보도록 하고 눈은 앞을 바라본다(사진 133).

2. 호기송복송항하며 중심을 오른쪽 다리에 옮기고, 오른쪽 무릎을 약간 굽혀, 왼발 앞으로 내디뎌 허보하며 상체를 왼쪽으로 돌린 다. 동시에 왼팔을 바깥쪽으로 돌려 팔꿈치를 굽히고, 오른손은 오른쪽 가슴 앞으로 옮긴다. 눈은 왼손을 본다. 계속해서 몸을

〈사진 133〉

〈사진 134〉

왼쪽으로 돌리고, 왼발을 왼쪽 앞에다 놓고 뒤꿈치를 땅에 디뎌 왼쪽 팔꿈치를 굽히고, 손목을 비틀어 장을 세운다. 중지 끝은 눈과 수평하게 놓고 눈은 왼손을 바라본다(사진 134).

3. 흡기제항하며 몸을 오른쪽으로 돌리고, 왼발을 오른발 옆에 붙여 두 다리를 약간 굽힌다. 동시에 양손을 안으로 돌리면서 양 팔을 앞으로 배 앞까지 내린다. 동작을 계속해서 두 다리를 천천히 펴고, 양 손을 돌려 위로 향하게 하고[托掌], 양 팔은 자연스럽게 펴서 눈은 수평 전방을 바라본다(사진 135).

4. 호기송복송항하며 양 팔을 바깥쪽으로 돌려 손바닥을 위로 향하게 하고, 손을 얼굴 앞에서 내려 차렷 자세를 취한다. 손바닥은

〈사진 135〉                    〈사진 136〉

아래로 향하고 눈은 수평 전방을 본다. 5~8은 1~4와 같으며 반대방향 오른쪽 기준으로 한다(사진 136).

## 2) 동작 숫자

8박자를 두 번 반복한다.

## 3) 요 점

1. 의념은 상양에 둔다.

2. 복식호흡, 얕게 마시고, 깊이 토한다.

3. 양팔을 크게 벌린다.

4. 허보할 때, 허리이완하고, 엉덩이를 쪼이고, 상체는 똑바로 세운다.

### 제8식 홍안비공 鴻雁飛空 : 기러기 하늘로 날아오르기

## 1) 동 작

1. 흡기제항하며 백회[9]를 위로 올리고, 발 뒤꿈치를 든다. 가슴을 쭉 펴고 팔은 바깥쪽으로 돌려 양 손을 각각 몸 옆에서 호형을 그려 머리 위 까지 올려 손바닥이 위를 바라보게 하고 눈은 수평 전방을 바라본다(사진 137).

2. 호기송복송항하며 두 팔을 자연스럽게 피고 양 손바닥을 마주보

〈사진 137〉        〈사진 138〉

게 하여 손목을 부드럽게 5번 흔든다. 양 팔을 다시 안으로 돌려 손바닥이 위로 향하도록 뒤집고 손끝이 서로 마주보도록 하여 눈은 수평을 바라본다.

3. 흡기제항하며 뒤꿈치를 땅에 대고, 양 다리를 천천히 쪼그려 앉으며, 양 무릎을 서로 맞대임과 동시에, 양 손을 각각 옆으로 벌려 아래쪽으로 둥글게 원을 그리며 내린다. 양 팔을 가볍게 구부리고, 팔꿈치는 아래로 가라앉히고, 손바닥은 아래로 향하며, 눈은 수평전방을 바라본다.

9) 백회(百會) : 百은 뼈를 말하며, 會는 모임이다.
　주치 : 중풍, 두통, 청소년 근시, 신경쇠약, 불면증, 탈항
　위치 : 정중선상에서 신정과 뇌오의 중앙에 있다. 독맥 소속.

4. 두 다리를 쪼그려 앉으며, 양 무릎이 서로 맞대임과 동시에, 양 손이 다리 앞쪽을 스치며 교체하여 가슴앞에 이른다. 이때 왼팔이 안으로, 양 손등은 어깨 바깥쪽에 붙여, 손바닥은 바깥으로 향하고, 눈은 수평 전방을 바라본다(사진 138).

3∼4는 1∼2와 같으며 두 팔을 교차시켜 가슴을 껴안았을 때 오른팔만 안쪽에 둔다. 5∼6은 1∼2와 같고 7∼8은 3∼4와 같다.

## 2) 동작 횟수

두 번째 8박자는 첫 번째 8박자와 같으나 두 다리를 곧게 편다(앉지 않는다 ; 사진 139, 140).

〈사진 139〉

〈사진 140〉

### 3) 요 점

1. 몸을 곧바로 세우고, 가슴을 활짝 펴고, 백회가 똑바로(수직으로) 위쪽을 향해야 하며 손을 흔들 때 손목이 부드럽게 이완되어야 한다.

〈사진 141〉

2. 쪼그려 앉을 때, 배를 가슴으로 품듯이 하며, 양 손가락을 먼저 아래로 향하고, 다시, 어깨 양쪽 옆에 붙이는데 손가락이 위를 향하고, 가슴을 지그시 누른다.

3. 힘을 줄 때 탁기를 충분히 내뱉고, 뒤꿈치가 땅에서 떨어지지 않아야 한다.

### 4) 수 식

양 손을 몸 앞으로 천천히 내려 몸 양측에 붙이고 차렷 자세로 선다. 눈은 수평전방을 본다(사진 141).

# IV. 소근장골공 疏筋壯骨功

## 1. 소근장골공의 개요 및 효과

소근장골공疏筋壯骨功은 근육계통의 기능, 어깨, 목 부위, 허리, 다리 통증 등을 치료하고 예방한다. 그리고 굽힘과 늘이기의 불가능, 근육의 기능 저하, 신체의 허약, 허리와 등의 통증 등 운동계통의 질병을 예방, 치료하는 경락經絡 도인導引 동공動功이다.

최근 소근장골공을 치료수단으로 208명의 근육, 척추, 다리와 운동계통의 환자들에게 수련시킨 결과 놀랄만한 치료효과가 관찰되었다(중국자료참조).

## 2. 소근장골공疏筋壯骨功 공법의 특징

### 1) 동작서송動作舒松 폭도의대幅度宜大

동작서송動作舒松 폭도의대幅度宜大란 동작은 편안하고 긴장緊張없이 하며 활동 범위는 크게 하는 것을 의미한다. 소근장골공을 수련할 때 각각의 동작과 세밀한 동작들까지도 긴장감 없이 편안하게 해야 하며, 너무 힘을 주거나 힘을 빼지도 말며, 동작은 관절의 가동범위를 가능한 증대시키며 근육의 편안한 이완弛緩과 관절關節의 움직임이 점차로 증가하도록 수련해야 한다.

## 2) 송긴결합松緊結合 완만용력緩慢用力

송긴결합松緊結合 완만용력緩慢用力은 긴장緊張과 이완弛緩을 적절하게 결합시키고, 동작은 서서히 힘을 준다는 의미이다. 송松은 전신全身의 모든 부분의 이완弛緩을 말하며, 긴緊은 소근장골공을 수련할 때 힘을 적당히 준다는 의미이다. 송긴결합松緊結合은 소근장골공의 중요한 특징 중의 하나이다. 그러나 이것은 서심평혈공 등 기타 공법의 송긴결합과 전혀 다르다. 소근장골공에서 말하는 송긴결합은 긴緊이 송松안에 존재하며 긴장緊張과 이완弛緩은 1:1로 비례로 하여야 한다. 이것은 근육과 골격의 긴장緊張을 풀어주며 관절을 부드럽게 하고 통증을 감소시키는 효과가 있다.

또한 신체의 약한 부분을 단련시키고 체질을 강화하며 급성 손상을 감소시켜준다. 경락經絡학적 효과는 족소음신경, 족태음비경, 족양명위경 등의 흐름이 정상적으로 되며, 허리와 배부背部의 통증 예방과 치료, 골격과 근육의 기능저하 및 노화老化를 예방한다.

## 3) 의수형변意隨形變 의면형견意綿形堅

의수형변意隨形變 의면형견意綿形堅은 의념意念은 몸의 움직임에 따라야 하며, 부드럽고 때로는 강하게 하여야 한다는 의미이다. 소근장골공을 수련할 때 의념意念은 지속적이며, 자세姿勢에 따라 달라져야 한다. 의념에 따라 동작은 긴장과 이완을 적절하게 변화시켜야 한다. 자세에 따라 의념을 두어야 하는 경혈經穴은 다음과 같다.

제1식 경항쟁력顯項爭力은 대추혈大椎穴

제2식 뇌후추비腦後推碑는 견정혈肩井穴

제3식 서우망월犀牛望月은 명문혈命門穴

제4식 궁신탄화躬身憚靴는 명문혈命門穴

제5식 선학유슬仙鶴揉膝은 학정혈鶴頂穴

제6식 쌍용희수雙龍戲水는 용천혈湧泉穴

제7식 봉황선화鳳凰旋窩는 단전丹田

제8식 금계보효金鷄報曉는 단전丹田


정확한 혈穴자리를 의념意念할 때 정확한 치료효과를 발휘할 수 있다. 예를 들어 제1식 경항쟁력顯項爭力의 동작은 목 부위의 질병을 예방하고 치료하는 것이 목적이기 때문에 대추大椎혈에 의념을 두어야 한다. 제2식 뇌후추비腦後推碑 동작은 어깨와 주관절 등 팔부위의 질병을 예방하고 치료하는 것이 목적이기 때문에 견정肩井혈에 의념을 두어야 한다.


## 4) 착중전체着重轉體 우중궁신尤重躬身

착중전체着重轉體 우중궁신尤重躬身은 몸의 회전동작을 중요시하고 몸의 펴고 굽히는 동작을 더욱 중요시한다. 라는 의미이다. 큰 폭의 회전과 몸의 굽힘과 펴는 자세는 소근장골공의 특징이다. 예를 들어 뇌후추비腦後推碑, 서우망월犀牛望月, 쌍용희수雙龍戲水, 봉황선화鳳凰旋窩는 모두 몸을 회전回轉하는 동작으로 구성되어 있다. 일반적으로 몸의 회전 동작이 크면 클수록 효과가 뛰어나다. 궁신탄화<sub>躬身憚靴</sub>는 몸을 펴고 굽히는 동작이므로 이 동작도 몸의 폄과 굽힘이 크면 클수록 효과는 뛰어나게 된다. 전체 공법 8개 중에서 5개가 몸의 회전과 펴고 굽히는 동작을 강조하고 있다.

### 5) 강조준기強調蹲起 갱중슬선更重膝旋

강조준기強調蹲起 갱중슬선更重膝旋은 앉고 일어나는 것을 강조하고, 무릎의 회전을 중요시한다. 라는 의미이다. 무릎의 굽힘과 신전伸展 그리고 회전은 소근장골공의 특징 중의 하나이고, 고관절, 무릎, 발목의 손상을 예방하고 치료하는데 매우 중요한 동작이다. 이와 같은 동작을 꾸준히 수련하면 족삼음경足三陰經의 원혈元血이 자극되어 내기內氣의 운행이 정상화되고, 고관절, 무릎, 발목의 관절이 강화되고 손상損傷을 예방한다.

## 3. 소근장골공 수련법

**제1식 경항쟁력**頸項爭力 : 목 힘기르기

### 1) 동 작

양 발을 붙이고 몸을 바로 세워 양 손으로 허리를 짚는데, 엄지손가락을 뒤쪽의 신유腎兪[10]혈에 짚고, 나머지 네 손가락은 복부 전면을 향해 붙여 눈은 수평 전방을 향한다(사진 142).

〈사진 142〉                        〈사진 143〉

1. 첫번째 8박자

① 흡기제항하며 양 발을 움직이지 않으면서, 머리를 왼쪽으로
  돌려 최대한 뒤로 향한 상태에서, 아래턱을 좌측으로 더욱 늘
  리고 양 손을 이완하여 눈도 왼쪽을 본다(사진 143).

② 호기송복송항하며 양 발을 움직이지 않으면서 머리를 정면으
  로 향하는데, 양 손 엄지손가락의 지문부위로 신유혈을 누르
  면서 원래의 준비자세로 돌아오되 눈은 수평으로 정면을 향
  한다(사진 142).

③ 3은 1과 같으며, 방향만 오른쪽을 향한다.

---

10) 신유(腎兪) : 腎은 호르몬, 정기를 말하고 유는 정기를 모아 양기를 모은다.
   주치 : 생식기질환(월경부조, 성교불능), 신질환, 요통, 고혈압증, 이명
   위치 : 배내선상에서 제 2, 3요추극돌기 사이의 높이에 있다. 족태양방광경 소속.

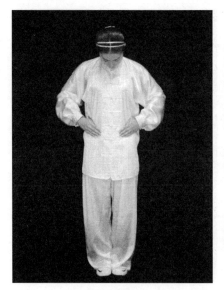
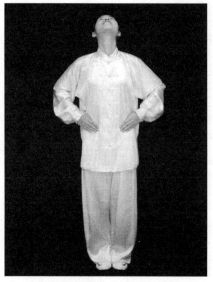

〈사진 144〉                    〈사진 145〉

④ 4는 2와 같다.

⑤ 흡기제항하며 머리를 천천히 최대한 아래로 깊이 숙이되 아
래턱을 몸에 꽂듯이 더욱 몸쪽으로 당긴다. 동시에 양손을 이
완하고 눈은 땅을 바라본다(사진 144).

⑥ 호기송복송항하며 머리를 천천히 들며 양손 엄지의 지문부위
로 신유혈을 누르면서 원래의 준비자세로 돌아오되 눈은 수
평 정면을 향한다.

⑦ 흡기제항하며 양발을 움직이지 않으면서 머리를 천천히 최대
한 뒤로 눕히면서, 아래턱을 하늘로 향해 내민다. 동시에 양
손은 이완하고 눈은 하늘을 바라본다(사진 145).

⑧ 호기송복송항하며 머리를 천천히 정면으로 향하되, 양손 엄
지의 지문부위로는 신유혈을 누르면서 원래의 준비자세로 돌

아온다.


2. 두 번째 8박자는 첫 번째 8박자의 동작과 같다.


3. 세 번째 8박자는 머리를 숙인 상태에서 고개를 시계방향(오른쪽)으로 돌리는데, 4박자에 한 바퀴를 돌린다. 돌릴 때 새끼줄로 머리꼭대기 백회百會[11]혈을 밖으로 당기듯이 원을 크게 하여야 한다.


4. 네 번째 8박자는 세 번째 8박자와 같으며 방향만 반대(왼쪽)로 돌린다.


## 2) 동작 횟수

1. 8박자씩 4회 반복하되, 네 번째 8박자에서는 양손을 허리옆에 붙여서 주먹을 쥔다.

2. 주먹 안쪽이 위로 향하면서 중충中沖으로 노궁勞宮혈을 누른다.

3. 후반기 여덟 박자 동작을 할 때, 첫 번째 여덟 박자는 앞에서와 같으나, 두 번째 여덟 박자를 행할 때, 앞의 4박자에서는 오른쪽에서 왼쪽으로 한 바퀴를 돌리고, 뒤의 4박자에서는 왼쪽에서 오른쪽으로 한 바퀴를 돌린다.

11) 백회(百會) : 머리 정수리에 있는 경혈자리.
　　주치 : 중풍, 두통, 탈항, 고혈압증, 불면증
　　위치 : 정중선상에서 신정과 뇌호의 중앙에 있다. 독맥 소속.

## 3) 요 점

1. 머리를 숙이고, 치켜들거나 돌릴 때, 상체가 곧바로 서있어야 하며 머리를 따라 몸이 돌아가서는 안 된다.

2. 동작 중 목은 항시 이완되어 있고, 양쪽 어깨는 아래로 가라앉아 있어야 하며, 다섯 발가락으로는 땅을 움켜쥐어야 한다.

3. 꾸준히 대추<sub>大椎</sub>[12]혈을 의식하어야 한다.

4. 만일 동작 중 호흡과 신유혈의 압박이 일치하지 않으면, 양손 엄지 지문부위를 신유혈에 줄곧 붙이고 있으면 된다.

5. 머리를 두 바퀴 돌리고 똑바로 세운 다음, 다시 돌릴 때는 고개를 숙이고 반대방향으로 두 바퀴를 돌려야 한다.

## 4) 혈자리 해설

1. 신유<sub>腎俞</sub> : 엄지와 검지를 최대한 벌려 가장 잘록한 허리부위를 양 옆에서 끼었을 때, 허리 뒤쪽 척추근육의 양쪽 중앙 지점. 신장과 관계하는 중요 혈자리.

2. 백회<sub>百會</sub> : 머리 꼭대기에서 약간(약 3cm) 뒤쪽. 양기<sub>陽氣</sub>(천기)가 많은 곳.

3. 중충<sub>中沖</sub> : 가운데 손가락 손톱모서리 안쪽 지점. 심포의 기능과 관계하는 중요한 혈자리.

4. 노궁<sub>勞宮</sub> : 손바닥 가운데 지점으로 심장과 관계있는 혈자리.

---

12) 대추(大椎) : 大는 크고 긴 것이요, 椎는 척추이다. 독맥 소속.

5. 대추大椎 : 머리를 숙이면 뒷목에서 가장 많이 돌출되는 뼈의 바로 아래 지점으로서, 수족 삼양경락이 만나는 중요한 혈자리.

## 제2식 뇌후추비腦後推碑 : 뒷머리 쓰다듬어 밀기

### 1) 동 작

1. 흡기제항하며 양발을 움직이지 않으면서 몸을 왼쪽으로 돌려 오른 손등이 몸을 스치며 왼쪽 어깨 앞으로 뻗으며 꽂는데, 이때 왼쪽 어깨는 뒤로 움직이고 오른쪽 팔은 안으로 자연스럽게 팔을 펼치되 손바닥은 아래를 향하고 새끼손가락에 힘을 준다. 동시에 몸을 최대한 좌측으로 회전하며 눈은 오른손을 본다(사진 146).

〈사진 146〉

〈사진 147〉

2. 호기송복송항하며 손목을 약간 들었다가 손바닥은 뒤쪽으로 향하면서 동작을 계속해서 상체를 천천히 정면으로 돌리면서 오른손바닥이 왼쪽 어깨를 지나 뒷머리를 스치며 오른쪽 뒷머리에 오되 눈은 수평전방을 본다(사진 147, 148).

3. 흡기제항하며 양발을 움직이지 않으면서 오른팔을 안으로 돌려 어깨를 가라앉히고 팔꿈치를 펴는데 세운 손가락과 손바닥이 머리 뒤에서 어깨를 지나 오른쪽으로 수평하게 미는데 손바닥은 오른쪽을 향하고 팔은 자연스럽게 펴서 눈은 오른손을 본다(사진 149).

4. 호기송복송항하며 오른손을 둥글게 아래로 내려 허리 옆에서 주

〈사진 148〉

〈사진 149〉

먹을 쥐는데, 주먹 안쪽이 위로 향하면서 중충中沖으로 노궁勞宮혈을 누르고 눈은 수평전방을 향한다.

5~8은 1~4와 같으나 반대방향 오른쪽을 기준으로 하여 좌우의 손동작이 바뀐다.

## 2) 동작 횟수

8박자로 두번 반복한다.

## 3) 요 점

1. 손을 밀 때 상체를 똑바로 세우고, 느리게 힘을 주되 절대로 몸이 기울거나 틀어지지 않아야 한다.

2. 손바닥을 머리 뒤로 돌릴 때 동작이 크지 않아야 하고, 머리를 숙이면 안 된다.

3. 허리 옆에서 주먹을 쥘 때 중충으로 노궁혈을 자극하여야 한다.

4. 지속적으로 견정肩井혈을 의식하여야 한다.

## 4) 혈자리 해설

1. 견정肩井 : 양쪽 어깨 위 말랑말랑한 근육의 중앙으로 누르면 아픈 지점.

## 1) 동작

1. 흡기제항하며 몸의 중심을 오른발로 옮기고 오른 다리를 굽혀 왼발을 옆으로 넓게 벌리되 발끝은 앞쪽을 향한다. 동시에 양 팔을 안으로 돌리며 두 주먹을 펴서 손바닥이 아래로 향하도록 지그시 누른다. 계속해서 몸의 중심을 왼발로 옮기면서 왼다리를 구부리고 오른다리는

〈사진 150〉

곧게 편다. 동시에 양 팔을 안으로 돌려 올리는데, 눈은 수평 정면을 본다(사진 150).

2. 호기송복송항하며 오른 발바닥을 축으로 뒤꿈치를 밖으로 틀며 상체를 왼쪽으로 돌리고 오른다리는 곧게 펴되 왼다리는 구부린다. 동시에 양 손을 갈라 양쪽으로 들어 올려 머리앞쪽 위에서 멈추는데 양 팔이 둥그렇게 호형 弧形 을 그리고 손바닥은 비스듬히 위쪽을 향하며 손가락이 서로를 향하고 눈은 왼쪽 뒤로 하늘의 달을 생각하며 바라본다(사진 151).

〈사진 151〉                    〈사진 152〉

3. 흡기제항하며 몸을 오른쪽 정면으로 돌리며 중심을 오른다리로
   옮기면서 구부리고 왼다리는 펴되 발끝이 앞을 향한다. 동시에
   양 팔을 밖으로 돌려서 가슴 앞에서 원을 그리며 자연스럽게 펴
   는데 손바닥은 위를 향하고 양손의 간격이 어깨너비가 되도록
   하여 눈은 양 손을 동시에 바라본다(사진 152).

4. 흡기제항하며 왼발을 오른발과 나란히 붙이면서 굽혀진 양 무릎
   을 천천히 편다. 동시에 양손은 주먹을 쥐는데 중충혈로 노궁혈
   을 누르고 주먹안쪽이 위를 향하며 눈은 수평 전방을 본다.
   5~8은 1~4와 같으나, 반대방향 오른쪽을 기준으로 한다.

## 2) 동작 횟수

8박자로 두번 반복한다.

## 3) 요 점

1. 허리를 크게 돌리고, 엉치를 충분히 아래로 가라앉히며, 앞다리를 손 방향으로 꿇듯이 구부리고 뒷다리는 곧게 펴는데, 뒷꿈치가 들리지 않아야 한다.
2. 양 손을 주먹 쥘 때 중충혈로 노궁혈을 지긋이 누른다.
3. 양 팔을 크게 돌려야 하며, 속도를 균일하게 홀연히 들고 내리되, 절대 어깨를 치켜 올려서는 안 된다.
4. 명문혈을 꾸준히 생각하여야 한다.

## 4) 혈자리 해설

1. 중충, 노궁 : 제1식 경항쟁력顎項爭力 참조.
2. 명문命門 : 배꼽 반대방향 척추 중앙부위.

## 제4식 궁신탄화躬身撣靴 : 몸 굽혀 발 만지기

## 1) 동 작

1. 흡기제항하며 양발을 움직이지 않으면서 몸을 최대한 왼쪽으로 돌리며 가슴을 펼치고 배를 내민다. 동시에 왼 주먹을 펴서 돌리는 몸과 같이 밑으로 내렸다가 뒤에서 위로 둥그렇게 올리며 팔

을 쭉 펴고, 눈은 왼손을 바라본다(사진 153).

계속해서 몸을 반대방향으로 최대한 돌리며 왼손이 몸을 따라 아래로 떨어져 오른쪽 가슴 앞에 합곡혈을 붙이는데, 팔꿈치를 구부리고 손가락은 치켜들며 눈은 왼손을 바라본다.

2. 호기송복송항하며 상체를 오른쪽 옆으로 굽히는데, 양다리는 곧게 펴고 왼손 끝을 밖으로 돌려 오른다리 뒤쪽을 문지르며 아래로 내리되, 손가락 지문부위가 족태양 방광경락의 승부, 위중, 부양 등의 혈자리를 따라 훑고, 손바닥은 족소양 담경의 환도, 풍시, 양릉천, 현종 등의 혈자리를 문지르며 뒷꿈치에 다다른다(사진 154).

계속해서 몸을 왼쪽으로 돌리며 팔을 안으로 돌려 손바닥으로

〈사진 153〉 　　　　　　　〈사진 154〉

〈사진 155〉                    〈사진 156〉

발등을 스쳐 왼발 바깥쪽에 다다른 후, 주먹을 쥐는데, 주먹 안
쪽이 앞을 향하여 신발을 들어 올리는 형상을 하고 눈은 빛을 내
어 왼 주먹을 본다(사진 155).


3. 흡기제항하며 왼 주먹을 천천히 올려 무릎 옆에 다다랐을 때 상
체를 서서히 세우며 머리를 치켜든다(사진 156).


4. 호기송복송항하며 몸을 곧게 펴는데, 왼 주먹을 허리 옆에 붙이
되 주먹 안쪽이 위로 향하며, 중충혈로 노궁혈을 지긋이 누르며
눈은 수평 전방을 본다.
5~8은 1~4와 같으나, 반대방향 오른쪽을 기준으로 한다.

## 2) 동작 횟수

모두 8박자씩 두 차례를 행하는
데, 마지막 8박자에서 양 주먹
을 동시에 펴서 양손바닥으로
양 무릎위의 학정혈을 부여잡
고 양다리는 곧게 펴며 눈은 앞
쪽 아래를 바라본다(사진 157).

〈사진 157〉

## 3) 요 점

1. 명문혈을 꾸준히 생각한다.

2. 몸을 최대한 부드럽게 펼치고, 뒤로 돌리거나 앞으로 숙이는 각
   도를 가능한 한 크게 하며, 몸을 굽혀 발을 만질 때 양다리를 곧
   게 펴야 한다. 단 처음 배울 때와 환자는 차츰 각도와 난이도를
   크게 한다.

3. 고혈압이 심한 환자는 이 자세를 생략한다.

## 4) 혈자리 해설

1. 합곡合谷 : 엄지와 검지가 만나는 삼각지점 오목한 곳.

2. 족태양방광경락 : 몸의 뒷면을 네 줄기로 덮어 지나가는 경락.

3. 승부承扶 : 엉덩이 아래 가로 무늬선 중앙.

4. 위중委中 : 오금쟁이 중앙.

5. 부양跗陽 : 장딴지 중앙.

6. 족소양담경 : 몸의 양쪽 측면을 흐르는 경락.

7. 환도環跳 : 엉치뼈(고관절)에서 꽁무니 1/3 지점.

8. 풍시風市 : 허벅다리 옆줄 중간.

9. 양릉천陽陵泉 : 무릎 옆 불거진 뼈 아래지점.

10. 현종懸鍾 : 바깥 봉숭아뼈 10cm 위 지점.

11. 학정鶴頂 : 무릎 종지뼈 윗선 중앙.

## 제5식 선학유슬仙鶴揉膝 : 두루미 무릎 쓰다듬기

## 1) 동 작

1. 첫 번째 여덟박자

① 흡기제항하며 양 무릎을 쪼그려 앉음과 동시에, 양손을 안으
로 돌려 노궁혈로 학정혈을 지긋이 누르되, 손끝이 서로 맞대
고 팔꿈치는 구부리며 눈은 수평으로 전방을 바라본다(사진
158).

② 호기송복송학하며 양 무릎을 천천히 폄과 동시에, 양 손끝은
아래쪽으로 향해 노궁혈로 학정혈을 포근히 감싸고, 눈은 앞
쪽 아래를 바라본다(사진 159).

③ 5, 7항은 1항과 같고, 4, 6, 8항은 2항과 같다.

2. 두 번째 여덟박자는 양 무릎을 안에서 밖으로 벌리면서 모아 돌
리고 양손바닥의 노궁혈로 학정혈을 비비는데, 1, 3, 5, 7은 무릎

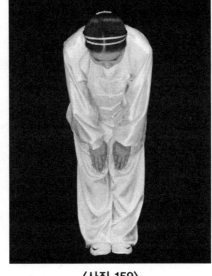

<사진 158>                    <사진 159>

을 돌릴 때 구부리고; 2, 4, 6, 8은 양무릎을 곧게 펴며, 양손으로
학정혈을 뒤로 누른다. 눈은 전방의 아래쪽을 바라본다.

3. 세 번째 여덟박자는 두 번째 여덟 박자와 같으나, 반대로 무릎을
   밖에서 안으로 모아 벌리면서 돌린다.

4. 네 번째 여덟박자는 먼저 네 박자는 양 무릎을 붙여 시계방향으
   로 무릎을 돌리는데, 두 박자에 무릎을 한 바퀴 돌린다. 뒤의 네
   박자에서는 양 무릎을 붙여 시계 반대방향으로 무릎을 돌리는
   데, 두 박자에 무릎을 한 바퀴 돌린다. 매번 무릎을 한 바퀴 돌릴
   때 마다 한차례씩 다리를 펴고, 무릎을 굽히고, 돌리고 무릎을
   편다(사진 160, 161).

〈사진 160〉

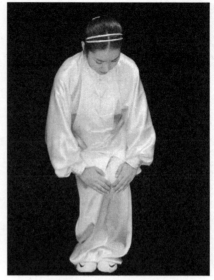
〈사진 161〉

## 2) 동작 횟수

1. 여덟 박자씩 네 차례를 행하는데, 마지막 여덟 박자의 마지막 박
   자에서는 몸을 곧게 세우고, 양손을 주먹 쥐어 허리 옆에 붙이는
   데, 주먹 안쪽이 위로 향하고 시선은 수평 전방을 바라본다.

2. 여덟 박자씩을 두차례 행할 때, 첫 번째의 여덟 박자는 전과 같
   으나, 두 번째의 여덟박자 전의 네 박자에서는, 두 무릎을 같은
   방향으로 좌에서 우로 두 바퀴 돌리고, 뒤의 네 박자에서는 우에
   서 좌로 두 바퀴 돌린다.

## 3) 요 점

1. 생각을 학정혈에 두고 호흡을 자연스럽게 한다(혹은 홀수박자에
   숨을 마시며 항문을 당기고 가랑이를 붙이고, 짝수 박자에 숨을

뱉으며 복부와 항문을 이완한다).

2. 쪼그려 앉을 때, 양 무릎을 나란히 붙이고 뒷꿈치가 바닥에서 떨어지지 않아야 하며, 엉덩이가 장딴지에 붙어야 한다.

3. 무릎을 돌릴 때 둘레를 크게 하고, 동작이 느리고 부드럽게 행하되, 약간의 피로감이 느껴져야 한다.

4. 양 손을 주먹 쥘 때 중충혈로 노궁혈을 지그시 누른다.

## 제6식 쌍룡희수雙龍戲水 : 쌍룡 물놀이

### 1) 동 작

1. 흡기제항하며 몸의 중심을 오른다리로 옮기고 오른 다리를 굽혀 왼발을 옆으로 크게 벌리는데 계속해서 중심을 중간에 두면서 양 다리를 곧게 편다. 동시에 양 주먹을 허리 옆에서 가슴 앞으로 치켜 올리는데, 주먹 안쪽이 몸을 향하고 양 주먹이 얼굴 앞에 이르렀을 때, 양 팔을 안으로 돌려 주먹 안쪽이 밖을 향하도록 돌리며 계속 올려, 양쪽 머리위의 바깥쪽을 향하도록 팔을 치켜 올리고, 눈은 수평 전방을 향한다(사진 162, 163).

2. 호기송복송항하며 양 무릎을 굽혀 마보자세를 취하는데, 상체는 곧게 펴는 동시에 양 주먹을 갈라 빠르게 아래로 떨어뜨리며 환도혈을 치며, "묵啊" 하고 크게 소리친다. 눈은 수평 전방을 본다(사진 164, 165).

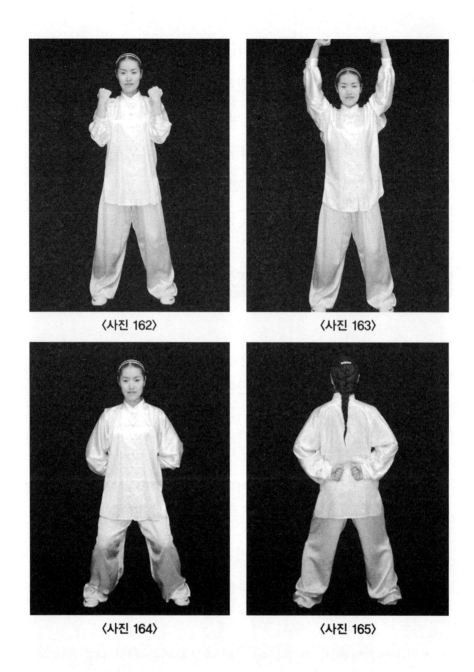

〈사진 162〉

〈사진 163〉

〈사진 164〉

〈사진 165〉

3. 호기송복송항하며 양 팔을 이완하고 양 무릎을 천천히 펴면서,
   양 주먹을 펴서 손바닥이 아래쪽을 향하며 양쪽 어깨 높이로 둥
   글게 들어 올리되, 양 팔을 밖으로 펼치고 눈은 수평 전방을 본

〈사진 166〉

〈사진 167〉

다(사진 166).

4. 호기송복송항하며 양 손을 안으로 모아 얼굴 앞에서 아래로 내려 가랑이 앞에 이르러, 팔이 둥글게 원형을 이루도록 하되, 손바닥은 아래쪽을 향하고 손가락은 서로 마주 닿게 한다. 동시에 양 무릎을 굽혀 마보자세를 취하는데, 상체는 곧게 펴고 눈은 수평 전방을 본다(사진 167).

5. 흡기제항하며 양손이 양 팔을 따라 안으로 아랫배 앞에서 손등을 마주 닿게 한다. 계속해서 다리는 움직이지 않고 오른 발바닥을 축으로 오른발 뒤꿈치를 밖으로 들어 몸을 왼쪽으로 90° 가량 돌리되 상체는 곧바로 세운다. 동시에 손등을 맞대인 양 손을 가

슴 앞까지 들어 올리되 손가락은 아래쪽을 향하고 양 팔꿈치는
굽혀지며, 눈은 맞대인 양 손목 위를 바라본다(사진 168).

6. 호기송복송항하며 양 손등을 차례로 감아올리며 손끝이 서로 대
이면 양쪽으로 튕겨, 둥글게 양쪽으로 원을 그리며 다리의 촛대
뼈 앞에 이르러, 손바닥이 위를 향하고 손가락이 서로 마주 닿게
하며 양 팔이 원형을 이룬다. 동시에 오른 다리를 쪼그려 앉는데
(무릎이 바닥에 닿지 않도록), 상체는 약간 비스듬히 세우고 눈
은 양손을 본다(사진 169).

7. 흡기제항하며 몸을 약간 세우면서 양팔을 안으로 돌려 가슴 앞
에 이르러 손등이 서로 마주 닿게 하는데, 손바닥은 밖을 향하고

⟨사진 168⟩

⟨사진 169⟩

손가락은 아래쪽을 향한다(사진 170).

계속해서, 양 손등을 차츰 감아올리며 손톱이 서로 마주 닿으면 밖으로 튕기며, 몸을 오른쪽으로 돌리는데, 오른발바닥 앞쪽을 축으로 오른발 뒤꿈치를 들어 안으로 돌리되, 오른 다리는 구부리고 왼 다리는 곧게 펴며, 양 손은 양쪽 옆으로 둥글게 원을 그리며 양 팔을 양쪽으로 뻗치는데, 눈은 수평전방을 본다(사진 171, 172).

〈사진 170〉

〈사진 171〉

8. 호기송복송항하며 왼발을 오른발 옆에 나란히 붙이면서 양 무릎을 차츰 곧게 편다. 동시에 양 손을 주먹 쥐어 허리 옆에 붙이되, 중충혈로 노궁혈을 자극하며 눈은 수평전방을 본다.

두 번째 여덟 박자는 첫 번째 여덟 박자와 같으나, 반대방향 오른쪽 기준으로 한다.

〈사진 172〉

## 2) 동작 횟수

8박자로 두번씩 한다.

## 3) 요 점

1. 용천혈을 생각한다.

2. 양 팔을 이완하고, 양 주먹으로 환도혈을 내려칠 때, 단전에서 맹렬하게 토해내는 소리로 "묵"이라 소리친다. 소리를 내지 않을 수도 있다.

3. 마보자세로 손바닥을 누를 때, 상체는 곧게 세워져야지 절대 기울어서는 안 된다. 마보자세 시에 무릎을 꿇거나 밖으로 벌리거나 안으로 맞대이지 않아야 한다.

4. 제5, 6, 7에 돌리는 허리와 맞물리는 사타구니 그리고 가라앉히는 골반의 깊이가 충분하여야 하며, 몸체의 상하가 서로 일치되어야 한다.

### 제7식 봉황선와鳳凰旋窩 : 봉황새 돌려앉기

## 1) 동 작

1. 흡기제항하며 몸의 중심을 오른발로 옮기고 오른 다리를 반쯤 굽혀 몸을 왼쪽으로 90° 돌리고, 왼발을 왼쪽으로 어깨넓이 정도로 벌리는데, 발끝이 밖을 향하도록 땅에 디딘다. 동시에 양 팔을 안으로 돌려 아래로 가라 앉혔다가, 양 주먹을 펴서 손을 뒤

〈사진 173〉      〈사진 174〉

로 둥글게 원을 그리면서 손목을 버티되, 손바닥이 뒤쪽을 향하
도록 하며, 눈은 수평전방을 본다(사진 173).

동작을 계속해서 몸을 왼쪽으로 돌리되, 왼발은 바깥쪽을 향하
고, 몸의 중심이 왼발로 옮겨지며 오른발 뒤꿈치를 들면서 양 다
리를 자연스럽게 편다. 동시에 오른손바닥을 몸에 붙이며 아래
에서 위로 우측 머리위쪽까지 팔을 쭉 편다. 왼손바닥도 돌리는
몸을 따라 펴며 왼쪽 뒤의 아래쪽으로 팔을 안으로 돌려 쭉 편
다. 눈은 오른손을 바라본다(사진 174).


2. 호기송복송항하며 양 무릎을 쪼그려 앉음과 동시에, 양 팔을 밖
　으로 돌려 손바닥이 위로 향하도록 하는데, 오른손은 어깨높이
　에 이르고, 왼손의 높이는 허벅지와 수평을 이루며, 좌측 아래팔

뚝이 지면과 평행을 이루도록 한다. 양손바닥의 노궁혈이 서로 상대相對하며 눈은 왼손바닥을 본다(사진 175).

〈사진 175〉

3. 흡기제항하며 양손 중지의 지문부위로 예풍혈을 누르고, 계속해서 오른쪽과 왼쪽 발바닥의 앞과 뒤를 축으로 하여 몸을 우측으로 돌리면서, 중심을 오른발로 이동하고 왼다리를 곧게 편다. 눈은 수평전방을 본다(사진 176, 177).

4. 호기송복송항하며 왼발을 오른발 옆에 나란히 붙이며, 구부렸던 양무릎을 곧게 편다. 동시에 양손바닥은 양쪽으로 원을 그리면서 허리 옆으로 거두어 들여 주먹을 쥐는데, 중충혈로 노궁혈을 자극한다. 눈은 수평전방을 본다. 5~8항은 1~4항과 같으나, 반대방향 오른쪽 기준으로 한다.

## 2) 동작 횟수

모두 여덟 박자씩 두 차례를 행하되, 마지막 박자에서는 양 발을 나란히 붙여 서며, 양 손바닥을 대퇴부 옆에 붙이되, 손가락은 아

<사진 176>                    <사진 177>

래쪽을 향하고, 눈은 수평으로 전방을 본다.

## 3) 요 점

1. 반근보盤根步자세를 취할 때, 두 다리가 서로 꼬이는데, 앞 발끝은
   바깥쪽을 향하고 엉덩이는 두 발 사이에 오도록 한다. 처음 배우
   는 사람과 몸이 약하거나 환자는 헐보歇步를 취해도 된다.
2. 손은 돌아가는 몸을 따르며, 위아래의 몸체가 협조하여 일치되
   어야 한다.
3. 단전을 지속적으로 생각한다.

## 4) 혈자리와 보법 해설

1. 반근보盤根步 : 다리를 꼬아 나무 밑둥 같이 앉는 자세.

2. 예풍翳風 : 양 귓 방울 뒤 움푹한 곳.

3. 헐보歇步

## 제8식 금계반효金鷄扳曉 : 금닭 홰치기

## 1) 동작

1. 흡기제항하며 백회혈을 꼭지점으로 양 다리를 곧게 펴고 뒷꿈치
를 치켜든다. 동시에 양 손가락을 구수勾手(갈고리손)로 만들어
양옆으로 어깨높이까지 치켜드는데, 양팔은 곧게 펴고 눈은 왼
쪽 갈고리 손을 바라본다(사진 178).

2. 호기송복송항하며 뒷꿈치를 땅에 대고 양 무릎을 붙이고 구부린

〈사진 178〉

〈사진 179〉

다. 동시에 양쪽 구수를 펴서 손바닥이 아래쪽을 향하도록 가라
앉히는데, 양팔은 자연스럽게 펴서 활모양으로 몸 옆까지 내리
며, 손가락이 바깥쪽을 향하고 눈은 수평 전방을 본다(사진
179).

3. 흡기제항하며 오른다리는 곧게 펴고 왼다리는 뒤로 굽히는데,
   왼발바닥이 수평을 이루고 발끝은 위쪽을 향한다(또는 양 다리
   를 곧게 편다). 동시에 양팔을 안으로 돌려서 양손이 안으로 호
   형弧形을 이루어 복부 앞에 다다를 때 구수로 바꾸어, 팔을 뻗으
   며 머리 앞쪽 위로 뻗쳐 들어 올리는데, 갈고리 손끝은 아래를
   향하고, 몸이 활모양을 이룬다(두 다리를 곧게 편 동작에서는 가
   슴을 편하게 등은 곧바로 세운 자세이다). 눈은 전방을 보며 금

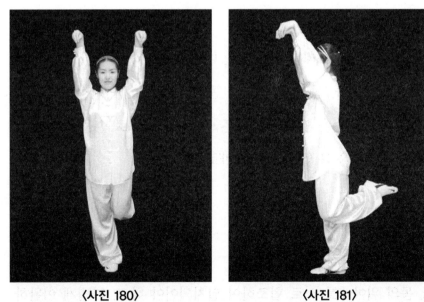

〈사진 180〉        〈사진 181〉

닭이 홰를 치듯 한다(사진 180, 181).

〈사진 182〉

4. 호기송복송항하며 왼발을 내려 오른발에 나란히 붙이고, 양 무릎은 반쯤 구부림과 동시에 양 손의 갈고리를 펴며 손바닥을 아래로 향하여 골반 옆에 다다르는데, 손바닥은 아래를 향하고 손가락은 앞쪽을 향하며, 눈은 수평으로 전방을 본다(사진 182).
5~8항은 1~4항과 같으나, 반대방향 오른쪽 기준으로 한다.

## 2) 동작 횟수

여덟 박자씩 두 차례를 행하는데, 마지막 여덟 박자에서는 양 무릎을 천천히 편다. 동시에 양 손을 몸 옆에 붙였다가 단정에 모으는데, 남자는 왼손을 안으로 여성은 오른손을 안으로 손을 겹치고 멈췄다가, 양손을 몸 옆에 붙여 똑바로 선다.

## 3) 요 점

1. 단전을 지속적으로 생각한다.
2. 몸의 위아래를 서로 협조하여 일치되어야 하고, 가볍게 이완하

여 부드러워야 하며, 동작과 호흡이 긴밀히 배합되어야 한다.

3. 한 다리를 들 때 다섯 발가락으로 땅을 움켜쥐듯이 한다.

4. 양발을 붙이고 두 다리를 곧게 펴며, 갈고리 손에서 팔목을 들어 올릴 때, 가슴은 편안하게 하여 몸을 펼친다.

### 4) 혈자리와 자세 해설

1. 백회百會혈 : 신체의 정중선과 양쪽 귀 끝이 만나는 자리에서 3센티미터 뒤 지점으로 양기陽氣(하늘의 기운)를 받는 자리.

2. 구수勾手 : 다섯 손가락을 모아 갈고리 모형을 이루며 손목을 올려진다.

3. 수세收勢 : 마무리

# V. 화위건비공和胃健脾功

## 1. 화위건비공和胃健脾功의 개요 및 효과

화위건비공은 소화기계통의 질병을 예방하고 치유治癒하는 경락經絡 도인 동공이다. 소화기계통에는 소화와 관련되는 모든 기관을 포함한다. 여기에는 구강口腔, 인후咽喉, 위胃, 소장小腸, 대장大腸 및 항문肛門 등의 소화관消化管과 소화액消化液을 분비하는 타액선唾液腺, 간肝, 이자胰:膵臟 등 모든 소화와 관계된 기관을 망라한다.

사람이 살아가는데 있어서 자라나고, 발육하고, 노동하고, 생활과 운동 등에 음식물의 섭취는 매우 중요한 것이고, 인체 내에서는 섭취한 음식물을 잘 소화하는 것이 중요하다. 음식물이 체내에 들어오면, 먼저 잘게 부수고, 각종 소화액과 혼합하는 과정을 거치며, 여러 소화기관을 거치면서 필요한 영양소와 수분을 흡수하고 불필요한 것은 배출하는 것이 소화이다. 이러한 소화를 담당하는 기관을 통틀어서 소화계통消化系統이라고 하고, 입과 식도食道, 위胃, 소장小腸, 대장大腸 등의 직접 소화기관과 소화를 돕는 기관인 간肝, 담膽, 췌장膵臟 등이다. 통계상 중·노년층의 질환 중에서 소화기 계통의 질환이 가장 많다고 한다.

화위건비공和胃健脾功은 소화기 계통의 질병의 예방과 치유治癒를 위하여 만들어진 것으로 1976년 5월부터 1981년 5월까지 5년간 400명의 소화기 계통의 환자에 대하여 수련을 실시한 결과 소화불량消化不良의 경우 93.8%, 변비便秘의 경우는 91.5%, 치질 95.6%, 탈항증脫肛症 90.5%, 장·위염 89.7%, 궤양潰瘍 85.3%, 당뇨糖尿증 87.5%가 치유治癒 또는 개선의 효과가 있었다고 임상 결과가 보고되었다.

1989년 7월 학술보고에는 화위건비공和胃健脾功을 아침저녁으로 계속하여 수련한 결과, 소화기계통의 질환이 근본적으로 치유治癒되고, 다시 재발再發되는 예가 없었다고 하였다(중국자료참조).

## 2. 화위건비공和胃健脾功 공법의 특징

### 1) 의수단전意守丹田 심정신안心靜神安

의수단전意守丹田은 의식, 즉 마음을 단전에 두라는 의미이고, 심정신안心靜神安은 마음이 고요하면 정신精神이 안정된다는 의미이다. 여기서의 단전은 하단전下丹田을 의미하고 단전의 위치는 배꼽 밑 기해氣海 혈 부근에 위치하며, 진기眞氣가 저장되는 곳이다. 실험에 의하면 온도 20℃~25℃의 실내에서 단전에 의식을 5분간 집중한 결과 체온이 평균 1.05℃ 상승되었다는 보고가 있었다. 이는 단전에 의식을 집중함으로 심기혈정心氣血精의 원리에 의하여 몸 안의 기氣가 단전으로 모여 그 기氣가 온 몸에 퍼짐으로 체온體溫의 상승을 가져온 것이다. 화이건비공은 단전에 의식을 집중함으로 기氣의 기능을 크게 하여 소화활동을 돕는 작용을 낳는다.

화이건비공의 수련으로 심신의 이완弛緩됨으로 마음이 평온해져서 정신활동이 안정되는 효과가 뛰어나다.

### 2) 동식결합動息結合 동완식장動緩息長

화이건비공의 수련은 동작과 호흡을 결합하는 전통적 기공氣功으로서 동작이 완만緩慢하게 부드러워지고 호흡이 길어져서 호흡의 능력이 강화된다. 복식호흡腹式呼吸의 해부학적 견해는 횡격막을 최대로 늘리고 당기기 때문에 호흡이 이루어질 때마다 내장이 운동되는 효과가 뒤 따르는 것이다. 따라서 비위脾胃의 운동을 가져와 소화 흡수 활동을 촉진하여 십이지장과 소장, 그리고 대장의 기능까지 개선되는 것이다. 호흡이 길어지는 것은 생명력의 강화를 가져오는데 호흡이 길어진다는 의미는 폐활량의 증가와 폐기廢氣의 배출 능력이 뛰어나지는 것을 의미한다.

### 3) 순경취혈循經取血 이지대침以指代針

순경취혈循經取穴 이지대침以指代針은 경락에서 경혈을 취하여 손가락으로 침針을 대신하라는 의미이다. 화이건비공은 두 개의 경락을 주로 자극하는데 위경胃經과 표리表裏관계를 이루는 비경脾經이다. 위경은 45개의 경혈經穴이 모여 경락을 이루는데, 좌우를 합치면 90개의 경혈이고, 비경은 21개의 경혈이 모여 경락을 이뤄 좌우를 합치면 42개의 경혈이 된다. 앞서 경혈의 각론에서 살펴보았듯이 화위건비공의 목적이 되는 두 경락은 모두 132개의 경혈이 있고 각 경혈마다 이름의 의미와 위치와 적응適應점이 있다. 예를 들어 공법의 제6동작의 명칭이 추고삼리搥叩三里이다. 이는 양손으로 무릎의 아래 밖 쪽에 위치한 족삼리足三里혈을 두들겨 주어 마치 침針을 놓는 것처럼 하라는 것이다. 족삼리足三里혈을 자극하면 위통胃痛, 복통腹痛, 설사泄瀉, 빈혈貧血, 고혈압高血壓, 하지마비下肢痲痺 등의 질병이 예방되고 치유治癒되는 효과가 있다. 이와 같이 각 동작과 관련되는 경혈經穴을 자극하거나 의식意識하는 것으로 해당 경혈에 침針을 맞는 효과가 있다는 것이다.

## 4) 동기초절動其梢節 행우지지行于指趾

12정경은 손가락이나 발가락에서 시작하거나 끝나도록 되어 있다. 화위건비공의 수련은 손가락이나 발가락의 끝 마디까지 동작과 의념을 해주어서 해당 경락의 자극이 가도록 해야 한다. 손으로 흐르는 3개의 음경陰經은 손가락의 끝에서 끝나고 3개의 양경陽經은 손가락의 끝 마디에서 시작한다. 반대로 발로 흐르는 3개의 음경陰經 중 2개는 발가락의 끝 마디에서 시작하고 신경腎經은 발바닥의 용천湧泉혈에서 시작한다. 3개의 양경陽經은 발가락의 끝 마디에서 끝이 난다. 구체적으로 기술하면 엄지손가락은 수태음폐경이 끝난다. 이 경락은 폐의 질환과 변비 등과 관계가 있다. 둘째손가락은 수양명대장경이 시작되며, 장염, 변비 등과 관계가 있다. 무명지, 넷째손가락은 수소양삼초경이 시작되는 곳으로 복통腹痛, 궤양潰瘍, 변비便秘 등의 질병과 관계가 있다. 다섯째 손가락은 수소음심경이 끝나고, 수태양소장경이 시작되며, 심장과 소화기 계통의 질병과 관계가 있다.

발에 흐르는 경락은 첫째발가락의 내측에는 족태음비경이 외측에는 족궐음간경이 지나고, 둘째발가락 외측으로부터 가운데 발가락에는 족양명위경이 지나고, 넷째발가락은 족소양담경이 흐르며, 다섯째발가락에는 족태양방광경이 흐른다. 이처럼 손과 발의 손가락의 끝 마디는 12경락의 종점과 시작점이 있는 곳으로 그 경락과 관계되는 질병의 예방과 치유에 매우 중요하다.

## 5) 제항조당提肛調襠 흡제호송吸提呼松

화위건비공 수련 시에 가장 중점을 두어야 할 부분은 제항提肛이다. 몸통의 중앙을 흐르는 독맥督脈과 임맥任脈은 각각 양경陽經과 음경陰經을 통솔하는 기맥奇脈이다. 임맥과 독맥의 흐름은 임맥이 몸통의 앞부분으로 흘러 회음會陰혈에서 독맥과 교대한다. 회음혈을 지나 독맥의 꼬리뼈 부근에 위치한 장강長强혈을 지나 척추를 타고 올라가는데 회음혈을 지나면 바로 항문肛門이 위치한다. 임맥에서 독맥으로 흐르는 경우에 기氣가 항문을 지날 때 항문을 조이지 않으면 장강으로 가지 못하고 항문으로 흘러 외부로 유출된다. 무릇 기공의 수련에서는 항문의 닫고 열림이 매우 중요하다. 화위건비공을 수련할 때 들이 마시는 호흡에서는 항문을 바짝 조이고 내쉬는 숨에서는 항문의 긴장을 풀라고 한다. 항문에서 기氣가 척추로 흐르지 못하고 외부로 새어나갈 경우 수련의 진전은 없고 건강도 약화된다. 예로부터 항문의 조임과 풀어줌을 잘 조절하는 것이 장수長壽의 비결이고 정력精力 증강을 좌우한다고 하였다.

## 6) 강조고치强調叩齒 우중인진尤重咽津

동양의 전통적인 건강사상은 침을 매우 중요시 여긴다. 침은 진액津液, 옥천玉泉, 생명수生命水 등으로 부르며, 침을 많이 삼키면 장수長壽한다고 한다. 현대의학이 밝혀낸 바 침에는 노화老化를 지연시키는 호르몬이 포함되어 있다고 한다. 물론 침에는 소화에 관계된 호르몬도 포함되어 있다. 그러므로 화위건비공의 수련 시에는 치아를 마주쳐서 침이 많이 분비되어 이를 삼킴으로서 수련의 효과를 극대화 시킬 수 있다.

## 3. 화위건비공 和胃健脾功 수련법

화위건비공은 변비, 치질, 항문탈수, 위장염, 궤양병, 담낭염, 간염 등 소화계통의 질병과 당뇨병 등 신진 대사성 질병을 예방, 치료하는 도인공이다. 다년간의 임상치료 관찰에 의하면 그 치료효율이 각기 93.3%, 77.8%, 86.6%, 75%, 83%, 83.3%, 75%, 66.6%에 달한다. 한 환자는 병이 나은 후 "나는 간, 위, 비, 신 등 여러 가지 병이 있어 오랫동안 약물 치료를 받았으나 효과를 보지 못하였는데 화위건비공을 매일 실시하여 이 완고하던 질병을 물리쳤다." 고 말하였다(중국자료참조).

### 1) 화위건비공의 특징

- 의념은 단전에 두고 단속적으로 연결시킨다.
- 동작과 호흡을 결하되 동작은 완만하게, 호흡은 길게.
- 이 쪼기를 강조하되 타액 넘기는 것이 더욱 중요하다.
- 항문을 안으로 쪼프리며 힘을 주되 흡기에 몸을 펴고 호기를 몸으로 늦춘다.
- 동작은 절도있고 손과 발가락에 향한다.
- 복부를 안마하고 허리를 친다.

**예비자세** : 두 발을 모으고 몸을 곧게 하며 두 손은 단전 위에 겹치며 오른손을 왼손 목 위에 놓고 오른손 엄지로 왼팔 내관[13]혈(內關穴)을 누른다. 입술을 가볍게 닫고 이를 맞대며 눈은 수평으로 앞을 본다(사진 183).

〈사진 183〉

## 1) 동 작

1. 흡기제항吸氣提肛하며 입술을 가볍게 닫고 이를 약간 떼며 혓바닥을 입천장에 댄다. 다섯 발가락 모두 위로 들며 오른손에 힘을 뺀다(내관혈에서 뗀다).

2. 호기송복송항呼氣松腹松肛하며 입술을 가볍게 닫고 치아를 위 아래

---

13) 내관(內關) : 內는 안이고 關은 중요한 지혈이라는 뜻이다.
　　주치 : 심병, 위병, 흉심병, 중지마비, 건초염, 신경증, 불면증
　　위치 : 수근횡문상으로 2촌. 수궐음심포경 소속.

로 서로 맞부딪혀 쪼으며 혓바닥을 입 아래 천장에 댄다. 오른손 엄지로 내관혈을 누른다. 다섯 발가락을 땅에 내리 꽂는다. 3, 6, 7은 1과 같고 4, 6, 8은 2와 같다.

3. 두 번째 8박자는 첫 번째 8박자와 같으며 두 손만 서로 바뀐다.

## 2) 동작 횟수

8박자를 2~4번 한다. 마지막 8박자의 마지막 박자에서는 양 손을 몸 양측에 붙여 차렷 자세를 하고 눈은 수평으로 앞을 본다.

## 3) 요 점

의념은 단전에 둔다(배꼽 아래 1.5촌 위치). 입안을 깨끗이 해야 하고 이 쪼기와 내관혈 누르기는 경한 데로부터 중하게 한다. 분비한 타액을 수시로 넘긴다.

## 제2식 적성환두摘星換斗 : 별 따기

## 1) 동 작

1. 흡기제항하며 몸을 왼쪽으로 돌리면서, 다섯 발가락을 위로 쳐든다. 동시에 오른손을 안으로 돌려 손등을 밖으로 내보내고 노궁혈을 명문命門에 붙인다. 왼손을 안으로 돌리고 범아귀를 작은 배에 붙이면서 몸을 돌리며 손을 가슴 앞까지 올린다. 눈은 수평

으로 왼쪽을 바라본다(사진 184).

2. 호기송복송항하며 몸을 계속 왼쪽으로 돌리면서 복부와 항문에
   주었던 힘을 늦추고 다섯 발가락은 땅을 긁는다. 왼손을 몸 돌림
   에 따라 안으로 돌리면서 면전面前을 지나 왼쪽 뒤에 가서 갈구리
   형으로 손목을 꺾는데 하늘의 별을 따는 식이다. 팔을 곱게 펴고
   손목을 들며 오른 손등으로 명문을 다친다. 눈은 왼쪽 손을 본다
   (사진 185).

3. 흡기제항하며 다섯 발가락은 위로 쳐든채 몸을 오른쪽으로 돌리
   고 동시에 갈구리를 한 왼손을 피면서 내리고 오른손은 움직이
   지 않는다. 눈은 왼손을 본다(사진 186).

〈사진 184〉              〈사진 185〉

〈사진 186〉　　　　　　　　　　〈사진 187〉

4. 호기송복송항하며 몸을 바로 돌려세우고 왼손은 몸 돌림에 따라 앞으로 오면서 아래로 호형을 그으며 몸 옆에 드리운다. 오른손도 몸 옆에 드리운다. 눈은 수평 전방으로 본다. 5~8은 1~4와 같으며 반대방향 오른쪽을 기준으로 한다.

## 2) 동작 횟수

8박자를 2~4번 한다. 마지막 8박자의 마지막 박자는 두 손을 주먹 쥐고 허리에 가져가며 주먹바닥을 위로 돌린다. 눈은 수평으로 앞을 본다(사진 187).

## 3) 요 점

의념은 단전에 둔다. 별을 딸 때 흉부와 몸을 쭉 펴고 손목을 올려

드는 그 힘으로 손 갈고리를 이룬다.

## 제3식 패왕거정 覇王擧鼎 : 말 안장에 올라타기

## 1) 동작

1. 흡기제항하며 몸의 중심을 오른쪽으로 옮기고 오른쪽 무릎을 절반 굽히면서 왼발을 왼쪽으로 크게 벌려 디딘다. 동시에 두 주먹을 펴고 오른손바닥을 위로 돌리며 가슴 앞까지 올리고 손가락을 왼쪽으로 보낸다. 왼손바닥을 위로 돌려 복부까지 옮기고 손가락을 오른쪽으로

〈사진 188〉

보낸다. 몸 앞에서 두 손의 거리는 약 20cm 떨어진다. 눈은 오른손을 본다(사진 188).

2. 호기송복송항하며 몸의 중심을 중간에 두고 말안장에 앉는 자세를 취하면서 다섯 발가락은 땅을 긁는다. 동시에 오른팔을 안으로 돌려 오른손을 얼굴앞을 지나 위를 떠받들며 팔을 약간 굽히면서 손바닥을 위로 보내고 손끝을 왼쪽으로 보낸다. 왼팔을 안

으로 돌리면서 손바닥을 아래로 보내며 손끝을 오른쪽으로 보낸다. 팔을 자연스레 펴고 두 팔을 서로 멀리 밀어버리며 한 팔로 물건을 받쳐드는 듯 한다. 눈은 수평으로 왼쪽을 본다(사진 189).

3. 흡기제항하며 몸의 중심을 오른쪽에 옮기면서 오른다리를 절반 굽히고 왼다리를 자연스레 편다. 동시에 오른손바닥을 위로 보내고 몸 앞에서 아래로 떨구며 팔을 자연스레 편다. 왼손바닥은 위로 보내고 앞으로 내밀면서 위를 떠받든다. 팔은 자연스레 펴고 가슴 높이까지 올리며 두 손 사이의 거리는 어깨 너비와 같게 한다. 눈은 수평으로 앞을 본다(사진 190).

〈사진 189〉

〈사진 190〉

4. 호기송복송항하며 왼발을 오른발에 나란히 붙이고 두 다리를 곧게 피면서 동시에 두 주먹을 허리 쪽으로 끌어들인다. 눈은 수평 전방을 본다. 5~8은 1~4와 같으며 반대방향 오른쪽 기준으로 한다.

## 2) 동작 횟수

8박자를 두 번 한다.

## 3) 요 점

말안장에 앉는 자세를 취할 때 허리와 팔을 나란히 한다. 두 다리는 기본상 지면과 평행하며 발끝은 안으로 보낸다. 의념은 단전에 둔다.

### 제4식 대붕압소大鵬壓素 : 위 문지르기

## 1) 동 작

1. 흡기제항하며 몸은 왼쪽으로 약간 돌리고 왼 주먹을 펴면서 손을 허리로부터 왼쪽 상복(웃배)까지 올리고 손가락은 아래로 보낸다. 눈은 수평으로 왼쪽을 본다(사진 191).

2. 호기송복송항하며 몸을 천천히 오른쪽으로 돌린다. 동시에 왼손 손부리로 오른쪽 방향으로 내리 돌림식 안마를 한다. 눈은 수평

〈사진 191〉

〈사진 192〉

정면을 본다(사진 192).

3. 흡기제항하며 몸을 계속 오
   른쪽으로 돌리면서 오른손
   주먹을 펴고 손가락을 아래
   로 보낸다. 따라서 왼손 오른
   쪽 방향으로 내리 찌르며 편
   다. 눈은 수평으로 오른쪽 앞
   을 보거나 가볍게 감는다(사
   진 193).

〈사진 193〉

4. 호기송복송항하며 오른손

손 뿌리로 왼쪽 방향을 따라 아래로 내리는 돌림식 안마를 한다. 왼쪽 새끼손가락으로 복부 왼쪽을 올려 받들면서 안마한다. 이렇게 하여 복부의 장부를 더욱 꿈틀거리게 한다. 눈은 수평으로 왼쪽을 본다(사진 194). 5~8은 1~4와 같다. 이처럼 8박자를 두 번 한다.

두 번째 8박자의 마지막 박자는 양 손을 배꼽 위에 겹쳐 놓는다 (사진 195). 왼손을 두고 노궁과 노궁을 맞댄다. 세 번째 8박자는 양 손을 시계바늘이 도는 방향으로 돌림식 안마를 한다. 돌림은 작은 데로부터 크게, 두 박자에 한 번씩 돌면서 안마한다. 눈은 수평으로 앞을 본다. 네 번째 8박자는 양 손의 위치를 바꾸고 시계바늘이 도는 반대방향으로 돌리면서 안마한다. 돌림은 작은 데로부터 크게, 두 박자에 한 회전씩 돌면서 안마한다. 네 번째 8

〈사진 194〉

〈사진 195〉

박자의 마지막 박자는 양 손을 몸 양측으로 내리되 손바닥은 아래로 보내고 손끝은 앞으로 보낸다. 눈은 수평으로 앞을 본다(사진 196).

〈사진 196〉

## 2) 동작 횟수

8박자를 네 번 한다.

## 3) 요 점

돌림식 안마를 할 때 상체를 같이 돌린다. 두 손의 움직임은 서로 배합되어야 한다. 돌림식 안마를 할 때 두 손 뿌리에 힘을 주어 복부를 좀 내밀며 의념은 단전에 둔다.

### 제5식 금강유구 金剛揉球 : 금강공 문지르기

## 1) 동 작

1. 흡기제항하며 몸의 중심을 오른쪽에 옮기고 오른발 무릎을 약간 굽히며 왼발을 왼쪽으로 크게 벌려 디디고 발끝을 앞으로 내보낸다. 동시에 양 팔을 안으로 돌리고 양 손을 각각 좌우로 팔을 벌려 손을 올리며 손바닥은 몸 뒤로 향한다. 눈은 왼손을 본다(사진 197).

〈사진 197〉　　　　　　　〈사진 198〉

2. 호기송복송항하며 몸의 중심을 두 다리 사이에 두고 말안장에
   앉는 자세를 취한다. 다섯 발가락은 땅을 긁는 동시에 양 팔을
   밖으로 돌려 양 손을 위에서 앞으로 호형을 그리고 양 손이 어깨
   앞으로 왔을 때 아래쪽으로 내밀어 주먹 바닥을 서로 마주보게
   하며 팔과 윗몸 사이의 협각은 약 45°이다. 눈은 두 주먹을 본다
   (사진 198).


3. 흡기제항하며 허리를 축으로 하여 몸을 왼쪽으로 높이고 왼 주
   먹은 몸을 따라서 왼쪽으로 도는데 약간 위로, 뒤로 당긴다. 눈
   은 왼쪽 주먹을 본다(사진 199).

4. 호기송복송항하며 허리를 축으로 몸을 높이고 오른쪽 주먹은 몸

〈사진 199〉　　　　　　　　〈사진 200〉

을 따라서 오른쪽으로 도는데 약간 위로, 뒤로 당긴다. 눈은 오른 주먹을 본다(사진 200). 4, 5, 6은 3과 같다.


5. 흡기제항하며 몸의 중심을 오른쪽에 옮기고 오른발 무릎을 절반 굽히면서 왼다리를 곧게 편다. 동시에 두 주먹을 펴고 양 팔을 안으로 돌려 각각 양측으로, 위로 호형을 그리면서 어깨 높이까지 올린다. 팔을 밖으로 돌려 손바닥을 앞으로 내보내며 손가락은 사선으로 위로 돌린다(사진 201).


6. 호기송복송항하며 왼발을 오른발에 가져다 붙이면서 두 다리를 곧게 편다. 동시에 두 손을 위로, 얼굴을 지나 호형을 그리며 몸으로 가져온다. 손바닥은 아래를 향하고 손끝은 앞을 보고 눈은

〈사진 201〉　　　　　　　　　〈사진 202〉

수평전방을 본다(사진 202).

두 번째 8박자는 첫 번째 3박자와 같으며 방향만 다르다.


## 2) 동작 횟수

8박자를 네 번 한다.


## 3) 요 점

의념은 단전에 둔다. 공 굴리기를 할 때 허리를 나른히 하고 엉덩이를 좁히며 복강, 장기는 허리의 움직임에 따라 같이 돈다. 흡기할 때 다섯 발가락은 땅을 긁고 배기할 때에는 발가락의 힘을 늦춘다.

# 제6식 추고삼리推叩三里 : 족삼리 두드리기

## 1) 동 작

1. 오른다리를 펴고 왼다리를 들며 발끝은 자연스레 아래로 드리운다. 동시에 양 손바닥을 다리 양측(무릎 아래)을 친다. 왼손은 족삼리足三里를 치고 오른손은 음릉천陰陵泉을 친다. 그 다음 왼발을 천천히 땅에 떨군다. 2는 1과 같으며 반대방향을 한다. 이렇게 번갈아 8박자를 한다.

〈사진 203〉

두 번째 8박자는 첫 번째 8박자와 같으며 두 손을 주먹으로 바꿀 뿐이다(사진 203).

## 2) 동작 횟수

8박자를 2~4번 한다. 마지막 8박자의 마지막 박자는 족삼리足三里를 친 다음 오른발을 왼발에 가져다 붙이고 몸을 바로 하면서 두 손을 몸 양측에 드리운다. 눈은 수평정면을 본다.

## 3) 요 점

치거나 두드리는 힘은 사람마다 다르다. 일반적으로 약한 데부터 강하게 친다. 의념은 족삼리에 두고 치는 동시에 호기하고 손을 아랫다리로 가져가며 두 손을 좌우로 흔들 때 흡기 한다.

## 제7식 영풍배추迎風排推 : 양팔 흔들기

## 1) 동 작

1. 왼발을 왼쪽으로 벌리고 허리를 축으로 하여 양 팔을 앞으로부터 왼쪽으로 흔든다. 두 손은 가볍게 주먹을 쥐고 오른 주먹 바닥으로 배꼽 옆 천구天樞 부근을 친다. 왼 주먹으로는 대장유大腸俞 혹은 위유胃俞부근을 친다(사진 204, 205). 2는 1과 같으며 방향

〈사진 204〉

〈사진 205〉

만 다르다. 이렇게 교차하면서 8박자를 두 번 한다.

두 번째 8박자의 마지막 박자는 왼발을 오른 발에 붙이고 차렷

자세를 취한다.

## 3) 요 점

온 몸을 나른히 하고 두드리는 힘을 경한 데로부터 적당하게 한다.

두 주먹을 흔들 때 흡기하고 두드릴 때 호기한다. 아침 식전이나

식후 한 시간이 지난 다음에 해야 한다. 임신부는 이 동작을 하지

못한다. 당뇨병 환자는 앞 손으로 관원關元을 치고 뒤 손으로 신유腎

俞를 친다. 변비, 치질, 홍문, 탈수 등 환자는 저미부骶尾部를 친다.

의념은 단전에 둔다.

## 제8식 백학양시白鶴亮翅 : 학처럼 나래 펴기

## 1) 동 작

1. 흡기제항하며 양 팔을 안으로 돌리며 두 손의 합곡혈合谷穴을 단

   전 부위에 댄다(사진 206).

   발뒤축을 천천히 들면서 두 손의 합곡혈은 임맥任脈 양측을 따라

   가슴 앞으로 올린다. 양 팔은 굽히고 팔 굽의 높이는 어깨 높이

   와 같게 하고 손가락을 아래로 드리운다. 눈은 수평정면을 본다

   (사진 207).

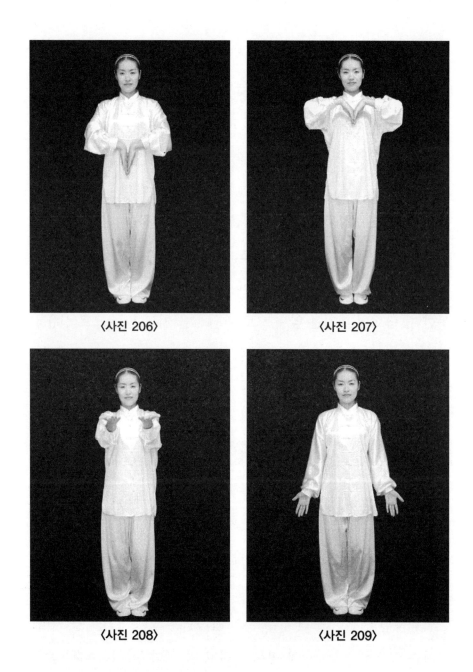

〈사진 206〉　　　　　　　　〈사진 207〉

〈사진 208〉　　　　　　　　〈사진 209〉

2. 호기송복송항하며 양 팔을 밖으로 돌리면서 두 손은 위에서 몸
　 앞으로 호형을 그리면서 내보내 양 팔은 곧게 펴서 손바닥은 위
　 로 눈은 수평정면을 본다(사진 208).

두 손을 계속 아래로 내리고 양 발 뒤축을 천천히 땅에 떨군다. 팔은 자연스럽게 펴고 손바닥은 앞으로, 손가락은 아래로 보낸다. 눈은 수평정면을 본다(사진 209).

3. 흡기제항하며 양 다리를 펴면서 발뒤축을 들고 양 팔을 안으로 돌려 몸 양측 위로 호형을 그리면서 머리 위까지 올린다. 손바닥은 위로 돌리고 손가락은 서로 마주하여 눈은 수평정면으로 본다(사진 210).

4. 호기송복송항하며 발뒤축은 천천히 땅에 떨구고 두 손은 각각 양측으로 내리면서 차렷 자세를 한다. 손가락은 아래로 드리운다. 눈은 수평으로 앞을 본다. 5~8은 1~4와 같다.

〈사진 210〉

〈사진 211〉

## 2) 동작 횟수

8박자를 2~4번 한다.

## 3) 요 점

의념은 단전에 둔다. 몸은 자연스럽게 하고 양 팔은 될수록 유연하게 흔들되 호흡에 맞추어야 한다. 마지막 8박자의 마지막 박자는 두 손을 단전에 겹쳐놓고 잠깐 정지하였다가 다시 몸 양측에 드리운다(사진 211).

**참고문헌**

강효신,이정우, 기공학, 도서출판 일중사, 1998

김국성, 한국기공의 이론과 실제, 단, 1999

김석진, 대산 주역강의, 한길사, 1999

박현옥, 도인양생 기(氣)체조, 도서출판 북 피아, 2003

이남구, 양생에 대한 문헌적 고찰, 대한한의학원전학회지 8권, 1994

이동현, 건강기공, 정신세계사, 1990

이현수, 용호비결의 수련방법론 고찰, 한국정신과학학회지 10권 제1호, 2006

이현수, 허일웅, 기공학 개론, 명지대학교 출판부, 2006

한중수, 선도, 명문당, 1986

한의학대사전편찬위원회, 한의학대사전, 도서출판 정담, 1998

허일웅, 보건기공(保健氣功), 도서출판 정담, 1998

허일웅, 유승원, 기경공학(氣經公學), 도서출판 북 피아, 1999

허일웅, 선도양생학(仙道養生學), 명지대학교 출판부, 2007

황무연. 한의학과 인체의 신비, 고려의학, 1993

長廣德, 導引養生功, 北京科學技術出版社, 1990

長廣德, 導引養生學功理, 北京科學技術出版社, 1993

## 감수자 및 편저자

이학박사
명지대학교  동방무예연구소 소장
명지대학교 스포츠 예술산업학과 주임교수
대한무술기공협회 회장

감수자 **허일웅**

이학박사
명지대학교 스포츠건강학과 주임교수
성남시 생활체육 무술기공연합회 회장
한국 도인양생공 본부장

**박현옥**

이학박사
명지대학교 산업대학원 겸임교수
대한무술기공협회 부회장
동서 생활운동자연치유연구소 소장

**이현수**

이학박사
명지대학교 스포츠건강학과 객원교수
제주도 서귀포시 우슈 연합회장
제주특별자치도 서귀포시 동부보건소 보건진료소장

**강나연**

이학박사
명지대학교 체육학부 강사
대한무술기공협회 이사

**김시연**

박사과정 이수
명지대학교 체육학부 강사
대한무술기공협회 이사
충북 영동 무술기공연합회 회장

**김지선**

경기도 성남시 분당구 수내1동 10-1 동방무예협회 무술기공 연구원
TEL. 031)717-1468    FAX. 031)717-1649
수내동 수내역 100m

제주연수원 제주특별자치도 서귀포시 성산읍 신산리 1906-1
연락처. 010-6648-4936

# 경락기공

**초판 인쇄** 2021년 4월 10일
**초판 발행** 2021년 4월 15일

**지은이**　허일웅, 박현옥 , 김지선, 허재원
**펴낸이**　진수진
**펴낸곳**　청풍출판사

**주소**　경기도 고양시 일산서구 덕이로276번길 26-18
**출판등록** 2019년 10월 10일 제2019-000159호
**전화**　031-911-3416
**팩스**　031-911-3417
**전자우편** meko7@paran.com